E. Winterstein

Über das pflanzliche Amyloid

Und einige andere Bestandteile der pflanzlichen Zellmembranen

E. Winterstein

Über das pflanzliche Amyloid
Und einige andere Bestandteile der pflanzlichen Zellmembranen

ISBN/EAN: 9783743668515

Hergestellt in Europa, USA, Kanada, Australien, Japan

Cover: Foto ©berggeist007 / pixelio.de

Weitere Bücher finden Sie auf **www.hansebooks.com**

ÜBER DAS
PFLANZLICHE AMYLOID
UND EINIGE ANDERE BESTANDTHEILE DER
PFLANZLICHEN ZELLMEMBRANEN.

INAUGURAL-DISSERTATION

ZUR

ERLANGUNG DER PHILOSOPHISCHEN DOCTORWÜRDE

VORGELEGT DER

HOHEN PHILOSOPHISCHEN FACULTÄT

DER

UNIVERSITÄT ZÜRICH

VON

E. WINTERSTEIN

AUS ERNSTTHAL (SACHSEN).

BEGUTACHTET VON DEN HERREN:
PROF. DR. H. ABELJANZ,
PROF. DR. A. DODEL.

STRASSBURG
VERLAG von KARL J. TRÜBNER
1892.

Die vorliegende Arbeit wurde im Laufe des Jahres 1891/1892 im agricultur-chemischen Laboratorium des eidgenössischen Polytechnikums ausgeführt, in welcher Zeit ich an dieser Anstalt als Assistent thätig war.

Es sei mir gestattet, meinem hochverehrten Lehrer

Herrn

Professor Dr. Ernst Schulze,

auf dessen Veranlassung diese Untersuchung unternommen wurde, meinen herzlichsten Dank auszusprechen für den liebenswürdigen Beistand und die rege Theilnahme, mit denen er mir vor Allem bei Ausführung dieser Untersuchung zur Seite gestanden ist.

Ueber das pflanzliche Amyloid.

Mit dem Namen Amyloid bezeichnen die Botaniker einen Zellwandbestandtheil, welcher gleich dem Stärkemehl durch Jod blau gefärbt wird. Derselbe unterscheidet sich durch diese Reaction von der Cellulose, welche bekanntlich nur bei Gegenwart gewisser Reagentien (Chlorzink, Schwefelsäure) durch Jod eine blaue Farbe annimmt.

Als amyloidhaltig werden folgende Objecte angegeben[1]): die Cotyledonen von Hymenaea Courbaril, Schotia latifolia, Mucuna urens, Tamarindus Indica, bisweilen auch die Cotyledonen von Lupinus, ferner die Membranen des Endosperms des Paeonia-Samens, der Samen von Balsamina-Arten, Tropaeolum majus und einiger Primulaceen, sowie von Asparagus, Gladiolus segetum, Iris acuta, Cyclamen neapolitanum, endlich die Membranen des Cambiums zahlreicher Laub- und besonders Nadelhölzer. Im Lichenin ist gleichfalls Amyloid enthalten.

Das Amyloid fungirt in den Samen als Reservestoff, wie zuerst von Godfrin[2]) für Schotia latifolia, desgleichen

---

[1]) A. Tschirch, Angewandte Pflanzenanatomie, S. 173.
Trécul (Compt. rend., Bd. 47, S. 687) beobachtete die directe blaue Färbung mit Jod ausserdem am Zellgewebe mehrerer Phanerogamen, an den Epidermiszellen und dem Unter-Cuticulargewebe von Ornithogalum pyrenaicum, O. narbonense, Scilla autumnalis, jedoch nicht constant; verschieden stark, doch nicht immer deutlich an den Endospermzellen von Hyacynthus orientalis, Gladiolus psittacus und anderen
[2]) Ann. de sc. nat., 6 Sér., T. 19, S. 1 ff.

von Frank[1]) für die Samen von Tropaeolum majus, von R. Reiss[2]) für diejenigen von Impatiens Balsamina L., Cyclamen europaeum, Paeonia officinalis L., nachgewiesen wurde. Im Uebrigen liegen über das Verhalten und die Eigenschaften des Amyloids nur unvollständige Angaben in der Litteratur vor. Von denselben seien hier folgende erwähnt. J. Vogel und M. J. Schleiden[3]) fanden, dass beim Kochen der Cotyledonen von Schlotia latifolia, Mucuna urens, Tamarindus indica, Hymenaea Courbaril mit Wasser ein Kleister gebildet wird, der bei bedeutender Verdickung in der Kälte nicht gelatinirte. Die beim Kochen erhaltene klebrige Flüssigkeit wurde durch Jod, je nach der Menge des letzteren, blassbis dunkelgelb gefärbt; auf Zusatz einer alkoholischen Jodlösung wurde eine blaue Gallerte gefällt. Absoluter Alkohol fällte aus der schleimigen Lösung eine klare, helle Gallerte, welche durch Jod nicht blau gefärbt wurde. Eine vollständige Extraction des Amyloids aus den Cotyledonen von Schotia latifolia und Tamarindus indica war ihnen, selbst nach andauerndem Kochen und öfterem Wechsel des Wassers nicht gelungen, da die übrigbleibenden Zellschichten noch durch Jod blau gefärbt wurden. Frank[4]) beobachtete, dass die durch Jod sich direct bläuenden secundären Membranen der Cotyledonen von Tropaeolum majus mit Schwefelsäure oder Kupferoxydammoniak aufquellen, ohne sich jedoch zu lösen. Er stellte das Amyloid aus diesem Samen auf folgendem Wege dar. Die von der korkigen Hülle befreiten Samen wurden fein pulverisirt, die körnige, stickstoffhaltige Substanz durch Waschen in Leinwand entfernt und das Amyloid aus dem Rückstand durch kochendes Wasser ausgezogen; die erhaltene gummöse Lösung wurde durch Filtration vom Rückstand getrennt. Auf Zusatz von Alkohol wurde aus dieser Lösung eine durchsichtige Gallerte gefällt. Diese amyloidhaltige Flüssig-

---

[1]) Journ. f. pract. Chemie, Bd. 95, S. 493.
[2]) Landw. Jahrbücher, Bd. 18, S. 733.
[3]) Annalen d. Physik u. Physik u. Chemie, Bd. 46, S. 398.
[4]) Journ. f. prakt. Chemie, Bd. 95, S. 493.

keit wurde durch Jod erst nach einigen Tagen dunkelgrün gefärbt. Durch Eintrocknen der Amyloidlösung erhielt er eine glasartige amorphe Masse, die durch Jod sofort blau gefärbt wurde.

Auch Frank hatte eine vollständige Auflösung der secundären Membran nicht erreichen können; ein Theil verharrte in einem weichen aufgelockerten Zustande.

Nach Reiss[1]) ist Amyloid in 30procentiger Salpetersäure bedeutend leichter löslich, als die Reservecellulose.

Genannter Forscher glaubt, dass aus dem Amyloid durch Hydrolyse Dextrose[2]) entstehe und zwar auf Grund folgender Versuche. Er trug die feingepulverten Samen in die gleiche Gewichtsmenge 70procentiger Schwefelsäure ein, verdünnte die Masse nach 24 Stunden mit viel Wasser, brachte sie auf ein Filter und neutralisirte die saure Flüssigkeit mit Baryumcarbonat; die vom Baryumsulfat getrennte Lösung wurde eingeengt und dann mit 2procentiger Schwefelsäure eine Stunde im Wasserbade erhitzt. Die so erhaltene Zuckerlösung wurde mit Thierkohle entfärbt und mit Baryumcarbonat neutralisirt. Er bekam so einen stark rechtsdrehenden Zuckersyrup, der mit Phenylhydrazin ein bei 203° schmelzendes Osazon lieferte.

Durch die Untersuchungen, deren Resultate im Vorigen zusammengestellt worden sind, ist die chemische Beschaffenheit des Amyloids nicht vollständig aufgeklärt worden. Was insbesondere die Frage nach der Natur der bei Hydrolyse des Amyloids entstehenden Glukose betrifft, so liegen darüber nur Versuche von Reiss vor. Diese Versuche haben aber eine Entscheidung der Frage nicht gebracht. Denn, abgesehen davon, dass Reiss das Vorhandensein von Traubenzucker in der von ihm in beschriebener Weise dargestellten Lösung nur wahrscheinlich gemacht, nicht aber mit Sicherheit nachgewiesen hat, muss es auch für fraglich erklärt werden, ob die in dieser Lösung enthaltene Glukose ausschliesslich aus dem

---

[1]) Landwirthschaftl. Jahrbücher, Bd. 18, S. 735.
[2]) L. c., S. 761.

Amyloid entstanden war. Denn Reiss behandelte die gepulverten Samen mit Schwefelsäure von solcher Stärke, dass darin ausser Amyloid auch Cellulose sich lösen konnte: die in diesem Versuche entstandene Glukose würde also nur dann ausschliesslich als Umwandlungsprodukt des Amyloids bezeichnet werden können, wenn die Zellwandungen der zur Verwendung gelangten Samen nur aus Amyloid bestanden hätten. Dass letzteres aber nicht der Fall war, geht aus den weiter unten gemachten Mittheilungen hervor.

Bei dieser Sachlage schien es angezeigt, das Amyloid einer erneuten Untersuchung zu unterwerfen. Eine solche habe ich auf Veranlassung von Professor E. Schulze unternommen. Sie schliesst sich an die Arbeiten[1]) an, welche der Genannte über die chemische Zusammensetzung der Pflanzenzellmembran ausgeführt hat.

Als Material verwendete ich vorzugsweise die Samen von Tropaeolum majus (Kapuzinerkresse), welche leicht und mit geringen Kosten in grösseren Quantitäten zu haben sind. Da es aber angezeigt schien, verschiedene Objecte zu untersuchen, so habe ich auch aus dem Samen von Paeonia officinalis und Impatiens Balsamina das Amyloid isolirt.

Die ersten Versuche stellte ich mit den Samen von Tropaeolum majus an.

Als eine Hauptaufgabe musste es betrachtet werden, über die Beschaffenheit der aus dem Amyloid entstehenden Glukosen Aufklärung zu bekommen.

Es schien, dass dieses Ziel sich leicht würde erreichen lassen, indem man einen aus den genannten Samen dargestellten wässerigen Extract von Amyloid mit verdünnter Schwefelsäure kochte und die dabei entstandene Glukose nach den Methoden untersuchte, welche wir den Arbeiten von E. Fischer, Tollens und Anderen verdanken.

Ich erhitzte daher die feingepulverten Samen, welche vorher mit Aether entfettet und mit kaltem Wasser behandelt worden waren, einige Stunden lang mit Wasser, setzte der

---

[1]) Diese Zeitschrift, Bd. 14, S. 227—273; ebendas.; Bd. 15, S. 386—436. Ber. d. D. Chem. Gesellschaft, Bd. 22, S. 609; Bd. 24, S. 2277.

durch ein Seihtuch gegossenen schleimigen Lösung so viel concentrirter Schwefelsäure bei, dass sie 3 Procent Schwefelsäure enthielt, kochte die Flüssigkeit 3 Stunden am Rückflusskühler, entfernte die Schwefelsäure vermittelst Barythydrats, filtrirte vom ausgeschiedenen Baryumsulfat ab und engte die zuckerhaltige Flüssigkeit vorsichtig auf dem Wasserbade ein, wobei ich Sorge trug, dass die Lösung ganz schwach sauer blieb.

Der dunkelgefärbte, nicht rein süss schmeckende Syrup, welchen ich so erhielt, wurde in der Wärme mit 90procentigem Alkohol ausgezogen, der Extract vom Ungelösten abfiltrirt und die alkoholische Flüssigkeit 12 Stunden stehen gelassen, wobei noch eine kleine Ausscheidung entstand; es wurde nun von dem Ausgeschiedenen abgegossen und über Schwefelsäure im Exsiccator der Verdunstung überlassen. Der so erhaltene, noch stark gefärbte Syrup, schmeckte nicht rein süss, reducirte aber die Fehling'sche Lösung stark. Mit Thierkohle konnte keine Reinigung erzielt werden[1]).

Das durch Erhitzen mit einer Lösung von essigsaurem Phenylhydrazin, aus einem Theil des Syrups, dargestellte Osazon schmolz bei 188°.

Die Versuche, durch Oxydiren mit Salpetersäure vom specifischen Gewicht 1,15 nach den Vorschriften von Gans und Tollens[2]), Zuckersäure zu erhalten, lieferten kein positives Resultat: es ist zwar möglich, dass eine geringe Menge der genannten Säure entstanden war, aber meine Bemühungen, das Kalisalz rein zu erhalten, waren vergebens: es war stets oxalsaures Kali vorhanden, und nach Entfernen desselben durch Auswaschen mit Wasser hinterblieb eine so unbedeutende Substanzmenge, dass sie nicht hinreichend war, um daraus das zur Analyse nothwendige Silbersalz darzustellen.

Auf Grund dieser Versuchsergebnisse gewann ich die Ueberzeugung, dass man nach dem beschriebenen Verfahren

---

[1]) Es schien, dass die vorhandenen Glukosen durch andere Stoffe verunreinigt waren. Der Grund liegt offenbar darin, dass aus den zwar mit Aether und kaltem Wasser extrahirten Samen beim Auskochen mit Wasser neben dem Amyloid noch andere Stoffe in Lösung gehen.
[2]) Ann. d. Chem., Bd. 245, S. 215.

keine zur Untersuchung geeignete Zuckerlösung erhalten kann und ich wandte mich daher einer anderen Methode zu.

Zunächst bemühte ich mich, das Amyloid möglichst rein darzustellen.

Einen Theil der dabei gewonnenen Präparate benutzte ich, um die Eigenschaften des Amyloids möglichst vollständig kennen zu lernen, einen anderen verzuckerte ich mit verdünnter Schwefelsäure, um die dabei entstandenen Glukosen zu untersuchen.

Im Folgenden mache ich zunächst Mittheilung über die Darstellung des Amyloids und über die zur Ermittelung der Eigenschaften angestellten Versuche; später lasse ich dann die Ergebnisse folgen, die ich bei den aus dem Amyloid entstehenden Glukosen gewonnen habe.

Darstellung des Amyloids.

Die zuvörderst getrockneten Samen von Tropaeolum majus wurden auf einer Mühle gemahlen, das feine Pulver von dem gröberen abgesiebt und eine jede Portion bei den nachfolgenden Operationen getrennt gehalten.

Es kamen 1500 gr. fein gemahlener und 2500 gr. gröber gemahlener Samen zur Verarbeitung.

Behufs Entfettung und Entfernung eines grünen Farbstoffes wurden die gemahlenen Samen unter Aether gebracht und mehrere Tage unter öfterem Umrühren darin belassen, darauf der dunkelgrün gefärbte, fetthaltige Aether abgegossen und noch einmal mit Aether auf angegebene Weise extrahirt, auch beim zweiten Male war der Aether noch stark gefärbt und fetthaltig; es wurden daher die Samen auf ein Tuch gebracht, gut abgepresst und mit Aether nachgewaschen. Durch wiederholtes Auspressen und Nachwaschen gelang es, die Samen von der färbenden Substanz zu befreien.

Bei den Eingangs beschriebenen Versuchen hatte ich bemerkt, dass der wässerige amyloidhaltige Auszug stets braun gefärbt war und die Lösung einen eigenthümlichen, stechenden Geruch besass. Ich versuchte daher, durch Kochen mit Alkohol die Stoffe, welche diese Erscheinung bedingen, zu entfernen, was auch den gewünschten Erfolg hatte. Die entfetteten Samen wurden in einem mit Deckel verschliessbaren Kupferkessel am Rückflusskühler mehrere Stunden mit 80procentigem Weingeist gekocht, der dabei entstandene braun gefärbte Extract abgegossen, der Rückstand auf ein Tuch gebracht, mehrere Male mit warmem Weingeist ausgewaschen und jedesmal gut abgepresst.

Die so vorbereiteten Samen wurden sodann in mehrere Glascylinder vertheilt, erst einige Male mit kaltem Wasser durch Decantation ausgewaschen, dann mit verdünntem Ammoniak (100 cbcm. Ammoniak auf 4 Liter Wasser) zwei Tage stehen gelassen und zuweilen gut durchgerührt, die hierbei entstandenen dunkelbraunen Extracte wurden von den Samen abgehebert, der Rückstand ausgewaschen, sodann zur möglichsten Entfernung der Proteinstoffe noch mit $^1/_2$ procentiger kalter Natronlauge behandelt und endlich bis zur vollständigen Entfernung des Alkalis mit kaltem Wasser ausgewaschen.

Die auf solche Weise von Fett, Eiweiss, Farbstoffen etc. möglichst befreiten Samen kochte ich nun mit destillirtem Wasser; nach ungefähr $^1/_2$ stündigem Kochen nahm die Flüssigkeit eine kleistrige Beschaffenheit an. Die Masse wurde in einem geräumigen verzinnten Kupfergefäss, das mit einem Deckel versehen war, 8 Stunden im ständigen Kochen erhalten. Dabei entstand eine dicke schleimige Flüssigkeit, dieselbe wurde durch ein grobes Tuch gegossen. Der Rückstand wurde noch mehrfach mit kochendem Wasser extrahirt. Es zeigte sich nämlich, dass wiederholtes Auskochen mit Wasser nothwendig war, um das Amyloid auch nur einigermassen vollständig in Lösung zu bringen.

Ueber die Behandlung der in dieser Weise erhaltenen Amyloidextracte ist Folgendes anzugeben. Die ersten hellgelben Extracte liess ich in hohen Cylindern stehen, bis die durch das Filtrirtuch gegangenen feinen Samentheilchen sich abgesetzt hatten, da eine Filtration durch Papier unmöglich war. Nach einigen Stunden heberte ich vom Bodensatz ab und versetzte die nochmals durch Tuch filtrirte Flüssigkeit mit

80—90procentigem Alkohol, wobei sich eine steife Gallerte bildete, die sich, wenn man den Alkohol vorsichtig zufliessen lässt, oben ansammelt und dann herausgenommen und durch Ausdrücken leicht von der Flüssigkeit befreit werden kann. Die dritten und weiteren Extracte dunstete ich vorsichtig im Wasserbade ein und fällte sie ebenfalls nach vorangegangener Filtration mit Alkohol aus, doch wollte es auf keine Weise gelingen, aus diesen verdünnten Lösungen eine leicht filtrirbare Masse zu erhalten, und ich konnte die dünnflüssige Gallerte nur mit Hilfe eines weitmaschigen Filtrirzeuges (Stramin) von der Flüssigkeit trennen. Zur Reinigung wurde die Gallerte noch einmal in kochendem Wasser gelöst und abermals mit Weingeist ausgefällt, wobei eine beinahe ungefärbte Gallerte resultirte. Die wässerige Lösung der letzteren war aber noch getrübt. Eine Filtration dieser Flüssigkeit war infolge ihrer schleimigen Beschaffenheit durch Papier nicht gut möglich. Dagegen erhielt ich eine leichter filtrirbare Flüssigkeit, als ich sie einige Stunden im Dampftopf bei 3—4 Atmosphären erhitzte. Ich behandelte daher einen grossen Theil des von mir zur Abscheidung gebrachten Amyloids in dieser Weise; es wurde sodann mit 95procentigem Weingeist ausgefällt, die Gallerte mit absolutem Alkohol behandelt, wobei sie bedeutend an Volumen abnahm und allmählig ihre schleimige Beschaffenheit verlor; sie wurde nun unter Aether gebracht, nach einiger Zeit von demselben abgegossen und schliesslich stark abgepresst; ich bekam so eine faserige, dehnbare, weisse Masse, die nach mehrtägigem Stehen über Schwefelsäure ausgetrocknet war.

Eigenschaften und Zusammensetzung des Amyloids.

Aus der wässerigen Lösung mit Alkohol gefällt, bildet das Amyloid eine ungefärbte durchscheinende, ausserordentlich voluminöse Gallerte. Ueber Schwefelsäure trocknet sie zu einer faserig-blasigen amorphen Masse ein, die sich nur schwer pulverisiren lässt. Mit kaltem Wasser übergossen quillt es auf und nimmt eine schleimige Beschaffenheit an. Mit kochendem Wasser entsteht eine schleimige, schwerbewegliche, etwas opalisirende Flüssigkeit; dieselbe wird durch Erhitzen im Dampftopf bei 3 Atmosphären dünnflüssiger und ist dann durch Papier leichter zu filtriren; doch geht die Filtration einer nur 1procentigen Lösung immerhin noch langsam von Statten.

Auf Zusatz einer geringen Menge Jod färbt sich die Lösung des Amyloids schön blau, bei noch stärkerem Zusatz entsteht eine dunkelblau gefärbte Gallerte.

Die Blaufärbung der Lösung mit Jod verschwindet in der Wärme und kommt nach Erkalten der Lösung wieder zum Vorschein, eben so wie diejenige des Stärkemehls.

Ammoniak, Schwefelsäure, Chlor, Laugen, sowie concentrirte Mineralsäuren zerstören die Farbe sofort.

Selbst nach audauerndem Kochen mit destillirtem Wasser im Dampftopf reducirt die Lösung des Amyloids nicht die Fehling'sche Flüssigkeit.

Diastase wirkt nicht auf Amyloid ein, wie aus folgendem Versuche hervorgeht. 1 gr. Amyloid wurde in 200 cbcm. kochendem Wasser gelöst und die Lösung nach Abkühlen auf 45° mit wirksamer Diastase 2 Stunden bei dieser Temperatur belassen. Diese Flüssigkeit reducirte Fehling'sche Lösung nicht. Nach längerem, etwa 10stündigem, Einwirken wurden nur Spuren von Kupferoxydul ausgeschieden.

Amyloid ist schon nach eintägigem Einwirken von Kupferoxydammoniak in demselben löslich; aus dieser Lösung wird das Amyloid, im Gegensatz zur Cellulose, durch Säuren nicht ausgeschieden, wohl aber durch Alkohol als faserig-flockiger Niederschlag gefällt, nicht wie aus wässeriger Lösung in Form einer blasigen Gallerte. In concentrirten Laugen ist es nach längerem Digeriren löslich und wird daraus durch Alkohol schleimig gefällt.

F. Schulze'sches Reagenz zerstört es allmählig, wie folgender Versuch zeigt: 2 gr. Amyloid wurden mit 24 gr. Salpetersäure vom spec. Gew. 1,15 und 1,6 gr. Kaliumchlorat 14 Tage bei Zimmertemperatur stehen gelassen. Nach mehrtägigem Stehen nahm die Masse eine breiige Beschaffenheit an und verflüssigte sich allmählig. Nach Verdünnen mit Wasser blieb nur ein unbedeutender weisser Rückstand, der abfiltrirt und mit Ammoniak behandelt, sich bis auf Spuren in letzterem löste.

Bemerkenswerth ist, dass das Amyloid mit dem Stärkemehl in folgenden von Griessmayer[1]) für das letztere aufgefundenen Reactionen vollständig übereinstimmt: Versetzt man eine Lösung von Amyloid in Wasser mit verdünnter wässeriger Gerbsäurelösung, so entsteht ein weisser faseriger Niederschlag, welcher sich bei gelindem Erwärmen vollständig auflöst und nach dem Erkalten der Flüssigkeit wieder auftritt. Fügt man zu einer Amyloidlösung eine wässerige Jodlösung hinzu, so wird diese, wie schon erwähnt, prachtvoll blau gefärbt; lässt man zu dieser blauen Flüssigkeit tropfenweise eine verdünnte wässerige Tanninlösung hinzufliessen, so tritt ein auffallender Farbenwechsel ein: anfänglich bleibt die Flüssigkeit blau, beim Schütteln wird sie roth, dann rosa und nach einiger Zeit verschwindet die Färbung vollständig[2]). Auf Zusatz von Jod tritt die blaue Farbe wieder auf. Ganz das Gleiche gilt in allen Punkten, nach den Angaben Griessmayer's, für das Stärkemehl.

Da das Amyloid sich in einigen Punkten den Pflanzenschleimen analog verhält, untersuchte ich das Verhalten der wässerigen Amyloidlösungen gegen Neutralsalze. Es stellte sich heraus, dass das Amyloid auf Zusatz von Natriumsulfat, Magnesiumsulfat, Ammonphosphat und Ammonsulfat aus der wässerigen Lösung ausgefällt wird; es wäre demnach das Amyloid nach der Classification der Saccharocolloide, wie sie J. Pohl[3]) aufgestellt hat, in die Gruppe D zu rechnen.

Alkoholische Jodlösung fällt das Amyloid aus seiner wässerigen Lösung als hellgelbgefärbte Gallerte.

Durch 2—3stündiges Kochen mit verdünnten Mineralsäuren wird das Amyloid vollständig gelöst. Nach einstündigem Kochen mit verdünnter ($2^1/_2$procentiger) Schwefelsäure besitzt

---

[1]) Ann. d. Chem. u. Pharm., Bd. 160, S. 48.
[2]) Wässerige Jodlösung wurde unter gleichen Versuchsbedingungen sofort entfärbt.
[3]) Diese Zeitschrift, Bd. 14, S. 154.

die Lösung immer noch eine schleimige Beschaffenheit und lässt sich kaum durch Papier filtriren.

Dieses Verhalten des Amyloids gegen verdünnte Säuren darf wohl als ein Unterschied des Amyloids von den in manchen Punkten ihm verwandten Pflanzenschleimen betrachtet werden, denn die letzteren zersetzen sich nach den Untersuchungen von Kirchner und Tollens[1]) beim Kochen mit verdünnten Säuren unter Bildung von Glukose und Abscheidung von Cellulose.

Erhitzt man das Amyloid mit mässig concentrirter Salzsäure oder Schwefelsäure, so erhält man beträchtliche Mengen Furfurol. Die Bestimmung der Furfurolausbeute nach den von de Chalmot und Tollens[2]) ausgearbeiteten Verfahren gab folgende Resultate:

a) 2 gr. längere Zeit über Schwefelsäure und einige Stunden bei 60° getrocknetes Amyloid gaben 0,5460 gr. Hydrazon = 0,3069 gr. oder 15,34 %, Furfurol.

b) Die gleiche Substanzmenge gab 0,5540 gr. Hydrazon = 0,3110 gr. oder 15,55 % Furfurol.

Daraus berechnet sich ein Gehalt von 29,62% an Pentaglycosen.

Bei der Oxydation des Amyloids mit Salpetersäure entsteht Schleimsäure.

Ich habe die quantitative Ausbeute an Schleimsäure nach dem Verfahren von Kent und Tollens[3]) bestimmt und dabei folgende Resultate erhalten:

1. 2,5 gr. trockenes Amyloid gaben 0,2536 gr. Schleimsäure oder 10,14 %.
2. Die gleiche Substanzmenge gab 0,2600 gr. oder 10,4 % Schleimsäure.

Daraus ergibt sich im Mittel ein Gehalt von 13,4% an Galactose[4]).

Die bei diesen Versuchen erhaltene Schleimsäure bildete in allen Fällen ein weisses Krystallpulver, welches sich schwer in heissem Wasser, leicht in Alkali löste; dieselbe schmolz

---

[1]) Ann. d. Chemie, Bd. 175, S. 215.
[2]) Ber. d. D. Chem. Gesellschaft, Bd. 24, S. 3579.
[3]) Ann. d. Chemie, Bd. 227, S. 221.
[4]) Nach Tollens erhält man aus 100 Th. Galactose 75 Th. Schleimsäure.

bei raschem Erhitzen im Capillarröhrchen bei 208°. Nach Kent und Tollens schwankt der Schmelzpunkt der Schleimsäure je nach der Art des Erhitzens von 200—213°.

Verhalten des Amyloids gegen polarisirtes Licht. Die wässerige Lösung des Amyloids ist optisch aktiv und zwar rechtsdrehend. Eine genaue Ermittelung des specifischen Drehungsvermögens ist aber sehr schwierig, weil die Lösungen auch nach wiederholter Filtration schwach opalisiren; es lassen sich desshalb auch nur verdünnte Lösungen anwenden. Die klarsten Flüssigkeiten erhielt ich, indem ich Amyloid bei 3—4° Atmosphären im Dampftopf mit destillirtem Wasser erhitzte. Eine in dieser Weise dargestellte Lösung, welche in 100 cbcm. 0,7460 gr. wasserfreie Substanz enthielt, dreht im 200 mm.-Rohr $+3,9-4,1$ (eine genaue Ablesung war nicht möglich), daraus berechnet sich $(\alpha)_D = +92,9°$.

Um zu prüfen, ob etwa durch Erhitzen im Dampftopf die optischen Eigenschaften des Amyloids sich verändert hatten, habe ich eine Probe in kochendem Wasser gelöst; diese Lösung, welche in 100 cbcm. 0,2736 gr. Trockensubstanz enthielt, drehte unter gleichen Versuchsbedingungen 1,5° nach rechts; daraus berechnet sich $(\alpha)_D = +94,8°$, eine Zahl, welche mit der obigen innerhalb der Fehlergrenzen übereinstimmt.

Zur Ermittelung der Elementarzusammensetzung des Amyloids verbrannte ich das zerriebene, längere Zeit im Exsiccator gestandene und dann — um es vollständig vom Alkohol zu befreien — einige Stunden bei 60° getrocknete und schliesslich wieder lufttrocken gemachte Präparat[1]) im beiderseitig offenen Glasrohr mit Kupferoxyd im Luft-, beziehungsweise Sauerstoffstrom. Bei einer zweiten Analyse wurde in das Verbrennungsschiffchen etwas Bleichromat gebracht, um einen Fehler zu eliminiren, der durch den geringen

---

[1]) Verwendet man ein lufttrockenes Präparat für die Analyse, so wird ein Fehler vermieden, welcher dadurch verursacht werden kann, dass bei 100° oder einer noch höheren Temperatur getrocknete Substanzen solcher Art sehr schnell wieder Wasser anziehen; letzteres kann während des Abwägens und vor dem Einbringen in die Verbrennungsröhre erfolgen.

Aschengehalt hätte entstehen können. Die Resultate wurden dann in bekannter Weise auf wasserfreie Substanz umgerechnet.

1. 0,2248 gr. Substanz (nach Abzug der geringen Aschenmenge in Rechnung gestellt) gaben 0,1250 gr. H_2O und 0,3512 gr. CO_2.
2. 0,2336 gr. Substanz gaben 0,1290 gr. H_2O und 0,3614 gr. CO_2.
3. 1,8350 gr. Substanz verloren beim Trocknen bei 105° 0,0300 gr. = 1,63 % an Gewicht.

Aus diesen Daten berechnet sich folgender C- und H-Gehalt:

	1.	2.	Mittel:
C	43,30	43,04	43,17.
H	6,09	6,07	6,08.
O	—	-	—

Ueber die den vorstehenden Zahlen entsprechende Formel ist Folgendes zu sagen: es ist denkbar, dass bei der Bildung solcher amorphen Kohlenhydrate mehrere Glukosenmolecüle unter Wasseraustritt sich vereinigen.

Nimmt man z. B. an, dass 2 Hexaglukosenmolecüle und 1 Pentaglukosenmolecül unter Austritt von 2 Molecülen Wasser sich vereinigen, so kann ein Körper von der Formel $C_{17}H_{30}O_{15}$ entstehen. Ein solcher $C_{17}H_{30}O_{15}$-Körper würde 43,04 % C, 6,33 % H und 50,63 % O enthalten, — Zahlen, welche denen des Amyloids, bei der Analyse gefundenen, sehr nahe stehen.

Uebrigens liegt es auf der Hand, dass die Aufstellung einer Formel nur dann einen Sinn hat, wenn man diesen Körper als eine einheitliche Substanz betrachtet; auf diese Frage werde ich weiter unten zurückkommen.

Amyloid aus Paeonia officinalis.

Das aus diesen Samen nach dem früher beschriebenen Verfahren gewonnene Amyloid war in seinem Verhalten und Aussehen dem aus Tropaeolum majus dargestellten ganz ähnlich. Doch war es mir nicht gelungen, dasselbe ebenso weiss zu erhalten. Es sei noch bemerkt, dass es hier längeren Kochens bedarf, um die schleimige Lösung zu erhalten.

Bei der Oxydation dieses Amyloids entsteht ebenfalls, wie bei dem vorigen Präparat, Schleimsäure. Die quantitative

Bestimmung ergab folgende Zahlen: 1 gr. trockenes Amyloid gab 0,1101 gr. Schleimsäure = 11,01 %. Diese Ausbeute stimmt mit der aus dem Tropaeolum-Amyloid annähernd überein.

Auch die bei Destillation mit Säuren entstehende Furfurolmenge zeigt gute Uebereinstimmung, wie aus folgenden Zahlen zu ersehen ist: 1 gr. trockenes Amyloid gab 0,2610 gr. Hydrazon = 0,1598 gr. Furfurol oder 15,98 %.

Amyloid aus Impatiens Balsamina.

Zur Darstellung verwendete ich nur eine kleine Quantität der Samen, aus denen ich nur sehr wenig Amyloid erhalten konnte, das sich, soweit ich constatiren konnte, von dem aus genannten Objecten isolirten nicht unterschied. Es war ebenso wie dasjenige aus Tropaeolum und Paeonia unlöslich in kaltem Wasser, löste sich darin beim Kochen auf; diese Lösung wurde durch wässerige Jodlösung prachtvoll blau gefärbt. Auf Zusatz von Alkohol wurde eine äusserst voluminöse Gallerte gefällt, welche durch Jod nicht gefärbt wurde. Beim Kochen mit 12 procentiger Salzsäure liess sich Furfurol nachweisen (Rothfärbung eines mit Anilinacetat getränkten Papierstreifens). Eine nähere Untersuchung konnte ich wegen der geringen Menge nicht anstellen.

Zu bemerken ist noch, dass sich die Samen von Impatiens Balsamina insofern anders verhielten, als sich das Amyloid relativ leichter durch kochendes Wasser ausziehen liess.

Inversion des Amyloids.

Nach den im Vorigen mitgetheilten Versuchsergebnissen musste ich erwarten, dass bei der Inversion des Amyloids nicht eine, sondern mindestens zwei Glukosen entstehen würden. Dies war auch in der That der Fall.

Die Inversion des Amyloids wurde in folgender Weise ausgeführt: 44 gr. trockenes Amyloid wurden mit einem Liter $2^1/_2$ procentiger Schwefelsäure vier Stunden am Rückflusskühler gekocht. Nach Beendigung des Kochens beseitigte ich die

Schwefelsäure durch Eintragen von Barythydrat und dunstete die vom Baryumsulfat abfiltrirte Lösung bei gelinder Wärme zum Syrup ein. Letzteren erhitzte ich zunächst mit einer nicht sehr grossen Menge absoluten Alkohols, wobei nur ein geringer Theil des Syrups in Lösung ging. Den Rückstand kochte ich sodann längere Zeit mit 95procentigem Weingeist; dabei ging derselbe bis auf einen kleinen Rest in Lösung.

Den ersten, vermittelst absoluten Alkohols dargestellten Extract, engte ich im Wasserbade ein und verwendete den an Quantität nicht bedeutenden Syrup zur Darstellung eines Osazons. Zu diesem Zwecke löste ich ihn in wenig Wasser und erhitzte die Lösung eine Zeit lang mit der angemessenen Menge essigsauren Phenylhydrazins im Wasserbade; es schied sich ein hellgelbes Osazon aus, welches abfiltrirt und zwischen Fliesspapier gut abgepresst wurde. Eine Probe krystallisirte ich aus 95procentigem Weingeist um; die so erhaltenen Krystalle schmolzen bei raschem Erhitzen bei 189°. Einen anderen Theil krystallisirte ich aus heissem Aceton um; die auf diese Weise gereinigten Krystalle schmolzen bei 202°.

Uebrigens ist auf Grund der nachfolgenden Mittheilungen zu entnehmen, dass dieses Product kein einheitliches war.

Den zweiten, mittelst 95procentigen Weingeistes erhaltenen Extract, welcher die Hauptmasse der bei Inversion des Amyloids gebildeten Glukosen enthielt, dunstete ich gleichfalls auf dem Wasserbade ein; es resultirte ein schwach gelbgefärbter, stark rechtsdrehender Zuckersyrup, welcher einen rein süssen Geschmack besass. Derselbe wurde zur Krystallisation hingestellt.

Erst nach Verlauf von 4 Monaten begannen Krystalle sich auszuscheiden; nachdem die Quantität derselben eine einigermassen beträchtliche geworden war, wurde der flüssig gebliebene Theil von denselben abgegossen; die Krystalle brachte ich auf eine Thonplatte, um die Mutterlauge absaugen zu lassen; zur vollständigen Beseitigung der letzteren wurde mit wenig absolutem Alkohol übersprüht und dann das Product aus Weingeist umkrystallisirt.

Die Untersuchung der so erhaltenen Krystalle im Soleil-Ventzke'schen Polarisationsapparat gab folgendes Resultat: Eine wässerige Lösung, welche in 20 cbcm. 1,533 gr. wasserfreie Substanz enthielt, drehte im 200 mm.-Rohr nach längerem Stehen 35,5° nach rechts; daraus berechnet sich $(\alpha)_D$ nach der Formel: $(\alpha)_D = \dfrac{a \times 0,346 \times 100}{l \times p} = +81,2°$

$a = 35,5°$, $l = 2$, $p = 7,665$.

Die Krystalle wurden nun nochmals aus Weingeist umkrystallisirt; bei der Polarisation dieser Krystalle ergab sich folgendes Resultat. Eine Lösung, welche in 10 cbcm. 0,7600 gr. Trockensubstanz enthielt, drehte im 20 mm.-Rohr 35,8 nach rechts; daraus berechnet sich $(\alpha)_D = +81,5°$.

Bei der Oxydation mit Salpetersäure gaben diese Krystalle Schleimsäure; ich habe die Ausbeute davon quantitativ bestimmt und dabei folgende Zahlen erhalten: 1,100 gr. Substanz gab 0,6600 gr. Schleimsäure oder 60 %.

Diese Versuchsergebnisse führen zur Schlussfolgerung, dass der vorliegende Zucker Galactose war. Nach der von Meissl[1]) ausgeführten Bestimmung ist für eine 10procentige Lösung von Galactose bei 15° $(\alpha)_D = +81,55$ — eine Zahl, welche der von mir gefundenen sehr nahe liegt. Auch die Schleimsäureausbeute entspricht dieser Annahme, obgleich aus reiner Galactose 70—75 Procent erhalten wurden[2]); doch bekommt man bei Anwendung geringer Zuckermengen leicht zu niedrige Zahlen.

Aus der von den Krystallen abgegossenen Mutterlauge erhielt ich noch zwei Krystallisationen; dieselben wurden in der oben angegebenen Weise behandelt; dass diese Krystalle von den ersten verschieden waren, geht schon daraus hervor, dass Proben derselben beim Erhitzen mit Phloroglucin und Salzsäure kirschrothe Lösung gaben, was bei der ersten Krystallisation nicht der Fall war.

Die in einem Soleil-Ventzke'schen Apparat ausgeführte Polarisation ergab für die zweite Krystallisation nachstehende

---

[1]) Journ. f. prakt. Chemie, N. F., Bd. 22, S. 100.
[2]) Ann. d. Chemie, Bd. 227, S. 221.

Zahlen. Eine wässerige Lösung, welche in 10 cbcm. 0,2700 gr. Trockensubstanz enthielt, drehte im 200 mm.-Rohr 11,4° nach rechts[1]); daraus berechnet sich $(\alpha)_D = +73°$.

Die Polarisation der dritten Fraction ergab Folgendes: Eine Lösung, welche in 10 cbcm. 0,5380 gr. Trockensubstanz enthielt, drehte im 200 mm.-Rohr 10,1° nach rechts; daraus berechnet sich $(\alpha)_D = +30,1°$.

Schliesslich erhielt ich noch eine vierte Krystallfraction, welche dem Aussehen und Verhalten nach zweifellos ein Gemenge war und nicht von dem anhaftenden Syrup befreit werden konnte. Für das specifische Drehungsvermögen ergab sich $(\alpha)_D = +39,4°$, wie aus folgenden Zahlen zu ersehen ist. Eine Lösung, welche in 10 cbcm. 0,6586 gr. Substanz enthielt, drehte im 20 mm.-Rohr unmittelbar nach der Auflösung 21,5° nach rechts, nach 12 Stunden nur noch 15° nach rechts. Die frisch bereitete Lösung dieser Krystallisation, wie auch der vorhergehenden, zeigte also starke Birotation.

Aus der Rothfärbung mit Phloroglucin und Salzsäure, sowie aus der starken Furfurolbildung beim Erhitzen mit 12 procentiger Salzsäure geht hervor, dass hier eine Pentose vorlag. Das relativ niedrige Drehungsvermögen lässt vermuthen, dass die vorhandene Pentose nicht Arabinose war. Hätte ein Gemisch von Galactose und Arabinose vorgelegen, so müsste das Drehungsvermögen ein viel grösseres gewesen sein; es ist also wahrscheinlich, dass ein Gemenge von Xylose und Galactose vorlag. Eine Trennung der Ersten von der Galactose vermochte ich nicht auszuführen; um dieses Ziel zu erreichen, hätte ich ungleich grössere Substanzmengen haben müssen. Die Darstellung der letzteren hätte aber den Besitz einer bedeutenden Menge Amyloid vorausgesetzt. Um eine weitere Stütze für die Annahme zu gewinnen, dass Xylose vorlag, habe ich noch versucht, unter den bei Oxydation des Amyloids mit Salpetersäure entstehenden Producten Trioxyglutar-

---

[1]) Diese Bestimmung, wie alle übrigen wurden bei Zimmertemperatur, welche von 15—17° schwankte, ausgeführt.

säure nachzuweisen, welche Säure aus Xylose bei der Oxydation mit Salpetersäure gebildet wird[1]).
Ich konnte mich bei diesen Versuchen nach den Vorschriften von Kiliani[2]) und E. Fischer[3]) richten, musste jedoch eine etwas grössere Säuremenge anwenden, weil das Amyloid schwieriger zu oxydiren ist als die von den Genannten angewendeten Materialien (Arabinose und Xylose).

Ich erhitzte 8 gr. Amyloid mit 32 gr. Salpetersäure vom specifischen Gewicht 1,2 12 Stunden im Wasserbade (in einer flachen Porzellanschale) bei 45°, versetzte darauf den erhaltenen Syrup mit 100 cbcm. Wasser und dunstete auf dem Wasserbade unter ständigem Umrühren in einer Platinschale ein. Um die bei der Oxydation entstehende Schleimsäure zu entfernen, versetzte ich die weisse Masse mit etwas Wasser und liess 24 Stunden stehen. Durch Filtration konnte die Schleimsäure von der hellgelben Lösung getrennt werden[4]). Zur Isolirung der Trioxyglutarsäure wurde nun nach den Vorschriften E. Fischer's das Calciumsalz dargestellt und dieses mit der berechneten Menge Oxalsäure zersetzt, die vom Calciumoxalat abfiltrirte und vermittelst Thierkohle entfärbte Flüssigkeit lieferte nach dem Eindampfen im Vacuum einen Syrup, welcher in heissem Aceton gelöst und von dem geringen Rückstand durch Filtration getrennt wurde. Nach Verdunsten dieser Lösung hinterblieb ein farbloser Syrup, welcher mit kleinen Krystallen durchsetzt war.

Dieser Syrup zeigte alle Reactionen, welche E. Fischer für die Trioxyglutarsäure angibt. Barythydrat und Bleiacetat gaben mit der wässerigen Lösung eine weisse Fällung; mit Baryumacetat entstand ein im Ueberschuss desselben löslicher Niederschlag. Ammoniakalische Silbernitratlösung wurde in der Wärme unter Spiegelbildung reducirt.

---

[1]) Ber. d. D. chem. Gesellschaft, Bd. 24, S. 1842.
[2]) Ebendas., Bd. 21, S. 3006.
[3]) Ebendas., Bd. 24, S. 1842.
[4]) Es sei hier bemerkt, dass die Schleimsäureausbeute in diesem Falle eine etwas grössere war. Ich erhielt aus 8 gr. Amyloid 0,9600 gr. Schleimsäure = 12 %.

Die im Vorigen beschriebenen Versuche führen zur Schlussfolgerung, dass in dem bei Inversion des Amyloids entstehenden Glukosegemenge Galactose und eine Pentose (Xylose) sich vorfinden, neben denselben scheint aber eine geringe Menge Dextrose vorhanden zu sein. Denn unter den bei Oxydation Zuckersyrup mit Salpetersäure erhaltenen Producten fand sich wahrscheinlich Zuckersäure vor.

Ueber den bezüglichen Versuch ist Folgendes anzugeben: 6,2 gr. Zuckersyrup dunstete ich auf dem Wasserbade mit 25 cbcm. Salpetersäure vom spec. Gew. 1,15 bis zum Syrup ein. Nach dem Erkalten wurde mit Wasser verdünnt, 12 Stunden stehen gelassen und von der ausgeschiedenen Schleimsäure abfiltrirt, das Filtrat eingedampft und nach der von Gans und Tollens[1]) gegebenen Vorschrift mit Kaliumcarbonat neutralisirt; aus der so erhaltenen Flüssigkeit schieden sich nach Verdunstung zum Syrup Krystalle aus, welche das Aussehen des zuckersauren Kaliums besassen, sie wurden auf eine Thonplatte gebracht, durch Auswaschen mit Wasser von der Oxalsäure befreit, dann nach den erwähnten Vorschriften in das neutrale Silbersalz übergeführt. Die Silberbestimmung im letzteren gab folgendes Ergebniss: 0,2173 gr. zuckersaures Silber gaben 0,1114 gr. Silber $= 51,27°$. Diese Zahl stimmt nicht genau auf Zuckersäure, welche $50,94\%$ Silber verlangt, was vielleicht im Vorhandensein einer geringen Menge Oxalsäure seinen Grund hat. Mannose entsteht bei der Inversion des Amyloids nicht: ein Theil meines Zuckergemenges gab mit essigsaurem Phenylhydrazin in der Kälte keine Fällung.

Dass auch kein Fruchtzucker bei der Inversion des Amyloids entsteht, ist aus Folgendem zu schliessen. Ich erhitzte 5 gr. Amyloid mit 45 cbcm. Wasser und 5 gr. Schwefelsäure vom spec. Gew. 1,156 eine Stunde im Wasserbade bei 80°; da eine Inversion bei dieser Behandlung noch nicht eingetreten war, wurde die Verzuckerung in derselben Weise noch 5 Stunden fortgesetzt. Dann entsäuerte ich die Flüssigkeit mit Barythydrat, dunstete die vom Baryumsulfat abfiltrirte Flüssigkeit

---

[1]) Ann. d. Chemie, Bd. 245, S. 215.

im Wasserbade zum Syrup ein und extrahirte denselben mit 95 procentigem Weingeist, wobei ein bedeutender Rückstand[1]) hinterblieb. Die vom Ungelösten abfiltrirte weingeistige Lösung versetzte ich mit Aether, wobei eine Ausscheidung stattfand. Nachdem dieselbe sich zu Boden gesetzt hatte, wurde die klare Flüssigkeit im Wasserbade abgedunstet, der zurückbleibende Syrup im Wasser gelöst und polarisirt; die Flüssigkeit war rechtsdrehend. Dieses Ergebniss schliesst also das Vorhandensein von Lävulose aus. Dass keine Lävulose bei der Inversion des Amyloids entsteht, lässt sich wohl noch daraus entnehmen, dass beim Kochen mit stärkeren Säuren die Zuckerlösungen sich nicht bräunen.

Unter den Inversionsproducten des Amyloids haben sich also Galactose und eine Pentose (Xylose) sicher nachweisen lassen; dass daneben Traubenzucker sich vorfindet, ist wenigstens wahrscheinlich.

Es ist noch darauf aufmerksam zu machen, dass vermuthlich neben diesen Glukosen noch andere entstehen. Denn aus der Schleimsäureausbeute, welche man bei Oxydation des Amyloids bekommt, lässt sich berechnen, dass dieses Kohlenhydrat bei der Inversion nur ungefähr $13,4\%$ Galactose gibt; aus der Furfurolmenge ergibt sich andererseits, dass das Amyloid ungefähr $29,62\%$ Pentosen geben kann. Galactose und Pentose machen also $43,02\%$ des Amyloids aus. Dass der Rest der Glukosen Traubenzucker war, ist nicht sehr wahrscheinlich, da nur eine geringe Menge Zuckersäure erhalten wurde. Aus 6,2 gr. Amyloidzucker erhielt ich nur 0,2173 gr. zuckersaures Silber, während man nach Tollens aus 5 gr. Dextrose 2,5 gr. erhält. Wäre der Rest Traubenzucker gewesen, so hätte ich circa 2 gr. zuckersaures Silber erhalten müssen. Für das Entstehen einer nur geringen Menge Zuckersäure sprechen auch die von mir in der Einleitung mitgetheilten Versuche; wie dort erwähnt wurde, konnte ich kein zuckersaures Kalium isoliren, als ich einen

---

[1]) Dieser Rückstand wurde, ebenso wie die wässerige Lösung desselben, durch Jod nicht mehr blau gefärbt. Derselbe war optisch activ. Die Bestimmung des specifischen Drehungsvermögens gab für $(\alpha)_D = +51,9$

wässerigen, amyloidhaltigen Extract aus den Tropaeolum-Samen mit Schwefelsäure erhitzte und den dabei erhaltenen Zuckersyrup sodann mit Salpetersäure oxydirte. Wäre eine nur einigermassen beträchtliche Traubenzuckermenge vorhanden gewesen, so hätte ich bei diesen wiederholten Versuchen auch Zuckersäure erhalten müssen.

Man muss demnach vermuthen, dass andere Glukosen vorhanden waren, deren Nachweis mit den zu Gebote stehenden Mitteln nicht möglich war. Es ist wahrscheinlich, dass ein nicht krystallisirender Zucker sich gebildet hatte, denn es blieb eine starke syrupförmige Mutterlauge über. Für das Vorhandensein einer solchen nicht krystallisirenden Zuckerart scheint auch die Thatsache zu sprechen, dass der bei Inversion des Amyloids erhaltene Zuckersyrup, obwohl derselbe sehr wenig Beimengungen zu enthalten schien[1]) erst nach Verlauf von 4 Monaten zu krystallisiren begann und dass eine raschere Krystallisation auch dann nicht zu erreichen war, indem ich den Syrup in heissem Weingeist löste und die Lösung über Schwefelsäure verdunsten liess. Hätte nur ein Gemenge von Galactose, Xylose und etwas Traubenzucker vorgelegen, so wäre die Krystallisation erfahrungsgemäss viel schneller von Statten gegangen. Zu dieser Annahme ist man auch wohl auf Grund des folgenden Versuchs berechtigt. Ich trennte, so gut als möglich, einen Theil des flüssig gebliebenen Syrups von den Krystallen, brachte diesen auf Fliesspapier und presste ab; die zurückgebliebenen Krystalle wurden entfernt und das Papier mit Wasser ausgezogen; diese wässerige Lösung wurde filtrirt und mit essigsaurem Phenylhydrazin $^1/_2$ Stunde auf 80° erwärmt; das ausgeschiedene Osazon auf ein Filter gebracht, zwischen Fliesspapier gut abgepresst und im Exsiccator getrocknet[2]); dasselbe schmolz bei raschem Erhitzen bei 145°.

---

[1]) Wofür auch der reine süsse Geschmack und die Farblosigkeit des Syrups spricht.

[2]) Die Substanzmenge war nicht hinreichend, um aus Alkohol umzukrystallisiren.

Ist das Amyloid ein chemisch einfacher Körper?

Eine vollständig sichere Beantwortung dieser Frage ist für dieses Kohlenhydrat nicht zu geben. Es ist hier noch darauf aufmerksam zu machen, dass es unter denjenigen Kohlenhydraten, welche Tollens als Poly-Saccharide bezeichnet, überhaupt nur sehr wenige gibt, welche mit Sicherheit für chemisch einfache Körper erklärt werden können (man vgl. Tollens, Handbuch der Kohlenhydrate).

Für die Annahme, dass das Amyloid eine einheitliche Substanz ist, spricht zwar die Thatsache, dass die aus Tropaeolum majus dargestellten Amyloidpräparate eben so viel Schleimsäure und Furfurol gaben, wie ein aus Paeonia dargestelltes Präparat. Immerhin ist zuzugeben, dass die Uebereinstimmung eine zufällige gewesen sein kann; eine Entscheidung liesse sich wohl dadurch geben, dass man noch aus anderen Materialien Amyloid darstellte und sodann prüfte, ob auch die bei diesen Darstellungen gewonnenen Präparate eben so viel Schleimsäure und Furfurol geben und eventuell das optische Drehungsvermögen bestimmte. Im Uebrigen darf behauptet werden, dass für die Zwecke, welche man bei derartigen Untersuchungen verfolgt, die Entscheidung der Frage, ob man zu einheitlichen Producten gelangt, nicht als eine überaus wichtige zu bezeichnen ist.

Vergleichung des Amyloids mit anderen Kohlenhydraten.

Das Amyloid ist zu denjenigen Kohlenhydraten zu rechnen, welche Tollens als Saccharo-Colloide bezeichnet (Tollens' Handbuch der Kohlenhydrate). Da das Amyloid im Verhalten zu Jod mit dem Stärkemehl vollständig übereinstimmt, so hatte man wohl bisher fast allgemein angenommen, dass dasselbe ein dem Stärkemehl sehr nahe verwandter Körper ist. Mit völliger Bestimmtheit ist dieses von Trécul[1]) ausgesprochen worden; derselbe sieht die mit Jod sich direct bläuenden Zellmembranen als Uebergang vom amorphen Stärkemehl und

---

[1]) Compt. reud., Bd. 47, S. 687.

eigentlicher Cellulose an. In Uebereinstimmung damit steht es, dass man mit dem Namen Amyloid auch die mit Jod sich blau färbende Substanz bezeichnet, welche man aus Cellulose erhält, indem man letztere mit Schwefelsäure gewisser Concentration behandelt. Auch Reiss[1]) scheint vermuthet zu haben, dass das Amyloid dem Stärkemehl sehr nahe steht, da er auf Grund nicht entscheidender Versuche es für wahrscheinlich erklärt, dass das Amyloid bei der Hydrolyse Traubenzucker liefert[2]).

Aus den von mir erhaltenen Versuchsergebnissen geht nun aber hervor, dass das genannte Kohlenhydrat in chemischer Hinsicht dem Stärkemehl keineswegs so nahe steht. Denn es liefert bei der Hydrolyse entweder gar keinen Traubenzucker oder nur geringe Menge davon; die Hauptproducte der Inversion aber sind andere Glukosen (Galactose und Xylose).

Als interessant darf es wohl bezeichnet werden, dass die Blaufärbung durch Jod auch einem Kohlenhydrat zukommt, welches durch seine Umwandlungsproducte sowohl vom Stärkemehl wie von der Cellulose sich unterscheidet, indessen kann dieser Befund nicht als ein ganz unerwarteter bezeichnet werden. Denn bekanntlich wird z. B. auch das Holzgummi, welches bei der Hydrolyse Xylose liefert, durch Chlorzinkjod oder Jod und Schwefelsäure blau gefärbt; man hat sich also zu denken, dass das Holzgummi durch gewisse Agentien in eine Substanz übergeführt wird, welche durch Jod direct blau gefärbt wird.

Untersuchung des nach Extraction des Amyloids verbleibenden Samenrückstandes.

Aus den im hiesigen Laboratorium ausgeführten Untersuchungen über die Beschaffenheit der pflanzlichen Zellmembran hat sich ergeben, dass sehr viele Pflanzen in ihren Zellwandungen in Wasser unlösliche Kohlenhydrate enthalten, welche beim Kochen mit stark verdünnten Mineralsäuren leicht

---

[1]) Landwirthschaftliche Jahrbücher, Bd. 18, S. 761.

[2]) Uebrigens lag es nicht im Rahmen der Reiss'schen Arbeit, das Amyloid makrochemisch näher zu untersuchen.

in Lösung gehen und dabei in Glukosen übergeführt werden. Diese Kohlenhydrate sind von E. Schulze als Hemicellulosen bezeichnet worden.

Es schien nun von Interesse, zu prüfen, ob auch die für die vorstehenden Untersuchungen benutzten Samen neben dem Amyloid solche Hemicellulosen enthalten. Zu diesem Zwecke kochte ich die fein gepulverten Samen so lange, unter stetem Wechsel des Wassers, bis sie durch Jod nicht mehr blau gefärbt wurden[1]). Die nach dieser Behandlung verbleibenden Rückstände kochte ich mit verdünnter Schwefelsäure.

Es zeigte sich in der That, dass alle von mir zur Amyloiddarstellung benutzten Objecte bei dieser Behandlung eine zuckerreiche Lösung gaben, woraus hervorgeht, dass in der That neben dem Amyloid noch Hemicellulosen enthalten waren.

Ich habe mich nun bemüht, über die Beschaffenheit dieser Glukosen näheren Aufschluss zu erhalten. Die dabei erhaltenen Resultate theile ich im Folgenden mit.

Samen von Tropaeolum majus.

Wie oben erwähnt worden ist, wurden behufs möglichst vollständiger Extraction des Amyloids die fein gepulverten und zuvor mit Aether, Alkohol etc. behandelten Samen mit Wasser ausgekocht, bis die Samen keine Blaufärbung mehr gaben; die dabei verbleibenden Rückstände dienten für die im Folgenden beschriebenen Versuche.

Ich behandelte diesen Rückstand zunächst noch 2 Tage mit verdünnter (1 procentiger) Natronlauge, wusch ihn sodann bis zum völligen Verschwinden der alkalischen Reaction mit Wasser aus; dann kochte ich 2 Stunden mit 3 procentiger Schwefelsäure am Rückflusskühler; ich erhielt so eine rothbraune Lösung, welche, nachdem sie vom Ungelösten getrennt war, weitere 3 Stunden, behufs vollständiger Verzuckerung,

---

[1]) Um aus den feingepulverten Samen (1200 gr.) das Amyloid möglichst vollständig zu entfernen, bedurfte es eines wiederholten Kochens, erst nach dem 15—18 mal mit stets erneuerten Wassermengen gekocht worden war, liess sich unter dem Mikroskop keine Blaufärbung der Samentheilchen mehr erkennen.

gekocht wurde. Ich entfernte nun die Schwefelsäure durch Eintragen von Barythydrat, trennte die Flüssigkeit vom Baryumsulfat und dunstete auf dem Wasserbade zum Syrup ein; letzteren extrahirte ich in der Wärme mit 95 procentigem Weingeist, wobei ein grosser Theil ungelöst blieb; nach 24 Stunden wurde vom Ungelösten abgegossen und die alkoholische Flüssigkeit im Exsiccator zur Verdunstung hingestellt. Ich erhielt auf diese Weise einen dunkelbraunen, nicht rein süss schmeckenden Syrup, der erst nach einigen Monaten zu krystallisiren begann.

Einen Theil dieses Syrups benutzte ich zur Bestimmung der Furfurolausbeute. Ich erhielt hierbei folgende Zahlen:

a) 2 gr. Syrup, 0,7700 gr. Hydrazon = 0,4122 gr. oder 20,61 % Furfurol.

b) Die gleiche Substanzenmenge gab 0,7630 gr. Hydrazon = 0,4189 gr. oder 20,94 % Furfurol.

Den anderen Theil des Syrups liess ich noch einige Wochen stehen. Nachdem die Krystallausscheidung eine bedeutende geworden war, brachte ich die Masse auf eine Thonplatte, übersprühte mehrere Male mit absolutem Alkohol, und krystallisirte schliesslich den so gereinigten Zucker aus 95 procentigem Weingeist um.

Ich erhielt hierbei zwei Krystallfractionen, welche bei der Untersuchung im Polarisationsapparat folgende Resultate ergaben:

I. Fraction. Eine wässerige Lösung, welche in 10 cbcm. 0,2936 gr. enthielt, drehte im 100 mm.-Rohr 6,7° nach rechts. Daraus berechnet sich $(\alpha)_D = +78,92°$.

II. Fraction. Eine wässerige Lösung, welche in 10 cbcm. 0,2256 gr. Trockensubstanz enthielt, drehte im 200 mm.-Rohr 8° nach rechts. Daraus berechnet sich $(\alpha)_D = +61,34°$.

Diese beiden Zuckerpräparate gaben bei der Oxydation Schleimsäure, welche bei 212° schmolz. Die quantitative Ausbeute an letzterer habe ich wegen der geringen Substanzmenge nicht ausgeführt.

Da das Drehungsvermögen des ersten Präparats mit dem der Galactose (+81,58°) nahezu übereinstimmt und dasselbe bei der Oxydation Schleimsäure liefert, so darf man wohl annehmen, dass dieser Zucker Galactose war.

Die zweite Krystallfraction war wahrscheinlich ein Gemenge von Galactose und einer Pentose (Xylose), wofür die bedeutende Furfurolmenge, welche aus dem Syrup erhalten wurde, spricht.

Samenrückstand von Paeonia officinalis.

Dieser Rückstand, in gleicher Weise wie der von Tropaeolum majus behandelte, lieferte einen hellgelben Zuckersyrup. Der weingeistige Extract gab schon nach einigen Tagen Krystalle; dieselben wurden in bekannter Weise gereinigt, aus Alkohol umkrystallisirt und polarisirt.

Eine Lösung, welche in 10 cbcm. 0,2390 gr. Trockensubstanz enthielt, drehte im 200 mm -Rohr 11,2° nach rechts. Daraus berechnet sich $(\alpha)_D = +81,07°$.

Dieser Zucker gab beim Erhitzen mit Salpetersäure Schleimsäure, welche bei 208° schmolz. Es darf also auch dieser aus Paeoniasamenrückstand erhaltene Zucker für Galactose erklärt werden.

Das neben Galactose aus dem Rückstand noch eine andere Glukose entstanden war, beweist die Ausbeute an Furfurol.

a) 2 gr. Zuckersyrup gaben 0 3030 gr. Hydrazon = 0,1815 gr. oder 9,07 % Furfurol.

b) Die gleiche Substanzmenge gab 0,2906 gr. Hydrazon = 0,1761 gr. oder 8,80 % Furfurol.

Der Rückstand der Samen von Impatiens Balsamina lieferte ebenfalls einen rechtsdrehenden Zuckersyrup, der bei der Oxydation mit Salpetersäure Schleimsäure (Schmelzp. 209°) lieferte. Wegen der geringen Menge dieses Syrups habe ich eine weitere Untersuchung nicht ausführen können.

Aus diesen Resultaten geht hervor, dass die Zellwandungen der im Vorigen genannten Samen neben dem durch Wasser extrahirbaren Amyloid auch noch Bestandtheile enthielten, welche dem kochenden Wasser widerstanden, durch verdünnte heisse Mineralsäuren aber unter Glukosebildung in

Lösung übergeführt wurden. Man darf diese Zellwandungen als Hemicellulosen bezeichnen. In Uebereinstimmung damit stehen Angaben Frank's[1]). Derselbe beobachtete, dass bei Tropaeolum majus die secundären Zellmembranen durch kochendes Wasser nicht vollständig gelöst wurden; es blieben gewisse Schichten in einem aufgelockerten Zustand zurück. Dass dies diejenigen Zellschichten waren, welche mir beim Erhitzen mit verdünnter Schwefelsäure die oben genannten Glukosen gaben, darf wohl für sehr wahrscheinlich erklärt werden.

Bemerkenswerth ist, dass diese neben dem Amyloid sich vorfindenden Hemicellulosen, eben wie das erste bei der Hydrolyse, Galactose und eine Pentose gegeben haben.

Die von mir gewonnenen Resultate liefern nun auch den vollgiltigen Beweis für die in der Einleitung schon ausgesprochene Ansicht, dass der dort erwähnte Versuch von Reiss[2]) keine Entscheidung über die Frage geben konnte, was für Glukosen bei Hydrolyse des Amyloids entstehen. Denn R. Reiss verfuhr ja in der Weise, dass er die amyloidhaltigen Samen in 70 % Schwefelsäure eintrug. Es ist aber klar, dass bei diesem Versuch nicht nur das Amyloid in Zucker übergeführt, sondern sowohl die Hemicellulosen als auch die eigentliche Cellulose. Demnach muss der von Reiss dargestellte Zucker durch Umwandlung verschiedener Zellwandbestandtheile entstanden und ein Gemenge mehrerer Glukosen gewesen sein.

Um den directen Beweis für vorstehende Annahme zu liefern, habe ich übrigens den von Reiss angegebenen Versuch wiederholt. Ich trug die gepulverten Tropaeolumsamen, welche zuvor durch Extraction mit Aether, Alkohol, kaltem, verdünnten Ammoniak gereinigt worden waren, in die gleiche Gewichtsmenge 70 % Schwefelsäure ein, nach 24 Stunden verdünnte ich die Masse mit Wasser und brachte sie dann auf's Filter. Das Filtrat wurde mit Baryumcarbonat neutralisirt,

---

[1]) Journ. f. prakt. Chemie, Bd. 95, S. 494.
[2]) Landw. Jahrbücher, S. 748 u. 752.

nach mehrtägigem Stehen vom Niederschlag abfiltrirt und eingedunstet. Den Verdampfungsrückstand erhitzte ich, behufs Inversion, mit 2 procentiger Schwefelsäure eine Stunde im Wasserbade, entfernte die Säure mit Barythydrat und dunstete zur Syrupconsistenz ein. Dieser Syrup gab beim Erhitzen mit 12 procentiger Salzsäure eine beträchtliche Menge **Furfurol**[1]); es war also in diesem Syrup eine **Pentaglukose** enthalten, was auch noch durch die Rothfärbung, welche auftrat, als ich einen Theil desselben mit Phloroglucin und Salzsäure erhitzte, bestätigt wurde. Ferner lieferte eine Probe dieses Zuckers beim Erhitzen mit Salpetersäure ein bei 212° schmelzendes Krystallpulver, welches in Wasser sehr schwer löslich war, dieses Oxydationsproduct war demnach Schleimsäure.

R. Reiss gibt an, dass er aus dem in gleicher Weise aus den Samen von Tropaeolum majus dargestellten Zuckersyrup ein Osazon erhalten habe, welches den Schmelzpunkt des Glukosazons (203°) zeigte; aus den von mir erhaltenen Resultaten geht hervor, dass es nur ein Zufall gewesen sein kann, wenn ein Osazon von solchem Schmelzpunkt erhalten wurde.

Wie weiter oben schon mitgetheilt wurde, habe auch ich beim Umkrystallisiren des aus dem Amyloidzucker dargestellten Osazons einmal eine Krystallisation erhalten, welche den Schmelzpunkt 202° zeigte; während das aus obigem Syrup dargestellte bei 185° schmolz.

Die von mir gewonnenen Versuchsergebnisse erbringen den vollgültigen Beweis dafür, dass der vorliegende Zuckersyrup ein Gemenge verschiedener Glukosen war.

---

[1]) L. c., S. 761.

Zur Kenntniss der Muttersubstanzen des Holzgummis.

Mit dem Namen Holzgummi bezeichnet man bekanntlich eine Substanz, welche aus zerkleinertem Holz dargestellt werden kann, indem man letzteres mit kalter 5procentiger Natronlauge behandelt und den vom Ungelösten durch Filtration getrennten Extract mit Weingeist und Salzsäure versetzt, es scheidet sich dann als weisse amorphe Masse aus.

Das Holzgummi ist zuerst von Thomson[1]), dann von Koch[2]) untersucht worden; der Letztere fand, dsss es beim Kochen mit verdünnter Schwefelsäure in Xylose (Holzzucker) übergeht.

Wheeler und Tollens haben diese Versuche wiederholt und das Verhalten der Xylose eingehender studirt[3]). Auch hat Tollens mit mehreren Mitarbeitern den Nachweis erbracht, dass das Holzgummi, welches er auch mit dem Namen Xylan bezeichnet, in vielen anderen vegetabilischen Substanzen enthalten ist.

Bei diesen Untersuchungen ist die Frage nach den Eigenschaften der Muttersubstanz des Holzgummis, das heisst also des bei Einwirkung der kalten verdünnten Natronlauge in Holzgummi übergehenden Bestandtheils des Holzes, nicht näher erörtert worden. Dass das Holzgummi im Holz nicht

---

[1]) Journ. für pract. Chemie, Bd. 17, S. 146—168.
[2]) Pharm. Zeitschrift f. Russland, Jahrg. 25, No. 38—46.
[3]) Ann. d. Chemie, Bd. 254, S. 304.

in derjenigen Form enthalten sein kann, in welcher man es bei der Darstellung nach Thomson's Verfahren erhält, ist aber schon von G. Lange[1]) hervorgehoben worden. «Denn wäre dies der Fall», so sagt der Genannte, «so würde man in der Lage sein, dasselbe mittelst Wasser zu extrahiren, da es darin nicht unlöslich ist. Nun lassen sich aber aus dem Holze mit Wasser niemals auch nur die geringsten Spuren dieses Körpers erhalten; es muss derselbe demnach durch die Einwirkung kalter Natronlauge erst aus einem anderen durch vielleicht nur geringe Umwandlung gebildet werden».

Die im Folgenden beschriebenen Versuche, durch welche ich über obige Frage Aufschluss zu erlangen suchte, wurden durch Beobachtungen, welche E. Schulze bei Ausführung der Untersuchung über die chemische Zusammensetzung der pflanzlichen Zellmembran gemacht und in dieser Zeitschrift publicirt hat, veranlasst.

Der Genannte fand, dass Cellulosepräparate, welche sowohl mit verdünnter Salzsäure ausgekocht, als auch mit F. Schulze'schem Reagenz behandelt worden waren, eine Substanz enthielten, welche bei Behandlung mit kalter 5procentiger Natronlauge in Lösung ging; aus dieser Lösung wurde durch Alkokol ein Product gefällt, welches das Verhalten des Holzgummis zeigte und beim Erhitzen mit verdünnter Schwefelsäure Xylose lieferte. E. Schulze schliest aus seinen Beobachtungen, dass das Holzgummi (Xylan) in verschiedenen Modificationen in den pflanzlichen Zellwandungen enthalten ist. Während z. B. in den Zellwandungen der Weizenkleie[2]) ein Xylan sich vorfindet, welches durch Kochen mit verdünnten Säuren leicht in Lösung geht, enthalten manche Zellwandungen Modificationen desselben, welche nicht nur der Einwirkung verdünnter Säuren widerstehen, sondern auch durch Maceration mit F. Schulze'schem Reagenz nicht gelöst werden.

---

[1]) Zeitschrift f. physiol. Chemie, Bd. 14, S. 17.

[2]) Daneben findet sich ein Araban, das heisst ein in Arabinose übergehender Körper, vor.

Nachdem diese Resultate gewonnen waren, schien es von Interesse, dasjenige Material, welches bisher hauptsächlich zur Darstellung des Holzgummis gedient hat, nämlich Buchenholz, in dieser Richtung zu untersuchen.

Die Ausführung dieser Untersuchung wurde dadurch erleichtert, dass zur Zeit eine sehr brauchbare Methode zur Ermittelung des Gehalts vegetabilischer Substanzen an Xylan oder anderen Pentosanen vorliegt, nämlich diejenige von de Chalmot und Tollens[1]). Sie besteht darin, dass man die zu untersuchende Substanz mit 12 procentiger Salzsäure der Destillation unterwirft, im Destillat das Furfurol (nach vorhergegangener Neutralisation mit Soda) durch essigsaures Phenylhydrazin ausfällt und das Hydrazon wägt. Aus der Furfurolmenge lässt sich dann der Gehalt der Substanzen an Pentosanen berechnen.

Das für meine Versuche verwendete Buchenholzmehl wurde, nachdem es durch Absieben von den gröberen Theilen befreit worden war, mit kaltem Wasser, dann mit Alkohol gewaschen und hierauf 12 Stunden bei 50° getrocknet. Dann bestimmte ich in diesem Material den Xylangehalt nach dem oben angegebenen Verfahren.

a) 2 gr. Substanz gaben 0,4914 gr. Hydrazon = 0,2787 gr. oder 13,93 % Furfurol.

b) Die gleiche Substanzmenge gab 0,4842 gr. Hydrazon = 0,2750 gr. oder 13,75 % Furfurol.

Daraus berechnet sich ein Xylangehalt von 26,46 %.

Ich suchte nun zunächst festzustellen, wie dieses Xylan sich gegen verdünnte Mineralsäuren verhält, zu diesem Zwecke kochte ich das genannte Material 3 Stunden lang mit $1\frac{1}{4}$ % Schwefelsäure, brachte den Rückstand aufs Filter, wusch mit Wasser bis zum vollständigen Verschwinden der Schwefelsäure aus und trocknete wieder 12 Stunden bei 50°; den hierbei erhaltenen Rückstand benutzte ich zur Ermittelung des Xylangehalts.

---

[1]) Ber. der D. chem. Gesellschaft, Bd. 24, S. 3579.

a) 2 gr. Substanz gaben 0,3420 gr. Hydrazon = 0,2016 gr. oder 9,78 % Furfurol.

b) Die gleiche Substanzmenge gab 0,3500 gr. Hydrazon = 0,2058 gr. oder 10,29 % Furfurol.

Daraus folgt ein Xylangehalt von 18,46 %. Demnach enthält das Buchenholz auch nach Kochen mit $1^1/_4$ procentiger Schwefelsäure noch sehr viel Xylan. Um die Menge des in Lösung gegangenen Xylans festzustellen, musste noch der Substanzverlust bestimmt werden, welcher bei Einwirkung $1^1/_4$ procentiger Schwefelsäure erfolgt. Derselbe ergibt sich aus folgenden Zahlen zu 17,75 %:

a) 3,1480 gr. Substanz verloren nach 48 stündigem Trocknen bei 105° 0,036 gr. = 1,14 %.

b) 2 gr. (lufttrockener) = 1,9772 gr. Trockensubstanz verloren beim Kochen mit $1^1/_4$ procentiger Schwefelsäure 0,3520 gr.

c) Die gleiche Substanzmenge verlor beim Kochen mit $1^1/_4$ procentiger Schwefelsäure 0,3500.

Aus diesen Zahlen folgt, dass durch dreistündiges Kochen mit $1^1/_4$ procentiger Schwefelsäure 4,02 % von dem, im Buchenholz enthaltenen, Xylan gelöst wurden.

Nach dreistündigem Kochen mit 5 procentiger Schwefelsäure enthielt der Rückstand noch 10,16 % Xylan, wie aus folgenden Zahlen zu ersehen ist.

a) 2 gr. Substanz gaben 0,1700 gr. Hydrazon = 0,1129 gr. oder 5,64 % Furfurol.

b) Die gleiche Substanzmenge gab 0,1676 gr. oder 0,1168 gr. oder 5,58 % Furfurol.

Demnach wurde beim Kochen mit 5 procentiger Säure ein bedeutend grösserer Theil aufgelöst als beim Kochen mit $1^1/_4$ procentiger.

Es war nun zweitens festzustellen, wie sich das Xylan des Buchenholzes gegen F. Schulze'sches Reagenz verhält. Zu diesem Zwecke behandelte ich eine Partie des Buchenholzmehles mit genanntem Reagenz und bestimmte einerseits die dabei erfolgende Gewichtsabnahme, anderseits den Furfurolgehalt des Rückstandes.

Ueber die Details dieser Versuche ist Folgendes anzugeben: 5 gr. getrocknetes Buchenholzmehl werden mit 60 gr.

Salpetersäure vom spec. Gew. 1,15 übergossen und in die Masse allmählig 4 gr. Kaliumchlorat eingetragen; das Gemisch wurde 14 Tage in einem lose verschlossenen Gefäss bei Zimmertemperatur stehen gelassen; die Säure wurde dann durch Auswaschen mit Wasser entfernt, der Rückstand ³/₄ Stunden mit verdünntem Ammoniak auf 60° erwärmt, dann zuerst durch Deccantation, schliesslich auf dem Filter ausgewaschen und der Rückstand bei 105° getrocknet.

Aus 100 Theilen Buchholzmehl erhielt ich im Mittel 53 % Cellulose. Die Furfurolbestimmung in dieser Cellulose gaben folgende Resultate:

2 gr. Substanz gaben 0,2200 gr. Hydrazon = 0,1387 gr. oder 6,93 % Furfurol.

Die gleiche Substanzmenge gab 0,2160 gr. Hydrazon = 0,1366 gr. oder 6,83 % Furfurol.

Aus diesen Zahlen ergibt sich, dass 21,83 % des Xylans der Wirkung des Schulze'schen Reagenz widerstanden hatten.

Um festzustellen, ob etwa das Xylan bei längerer Maceration mit F. Schulze'schem Reagenz vollständiger zerstört werde, habe ich die bei der ersten Behandlung mit F. Schulze-schem Reagenz erhaltene Cellulose noch 14 Tage lang der gleichen Behandlung unterworfen und den dabei erhaltenen Rückstand zur Furfurolbestimmung verwendet. Ich erhielt nun folgende Resultate:

a) 2 gr. Substanz gaben 0,1800 gr. Hydrazon = 0,1180 gr. oder 5,90 % Furfurol.

b) Die gleiche Substanzmenge gab 0,1750 gr. Hydrazon = 0,9282 gr. oder 4,64 % Furfurol.

Die zweimal mit F. Schulze'schem Reagenz behandelte Cellulose gab also eben so viel Furfurol wie die einmal behandelte, woraus zu schliessen ist, dass in der That eine Furfurol gebende Substanz vorhanden war, welche dem genannten Reagenz Widerstand leistete.

Um nun aber mit Bestimmtheit behaupten zu können, dass diese Furfurol gebende Substanz Xylan (Holzgummi) ist, musste erstens festgestellt werden, dass sie durch verdünnte Natronlauge extrahirt werden konnte und zweitens bei der Hydrolyse Xylose lieferte.

Um diese Frage zu entscheiden, bedurfte ich einer grösseren Materialmenge; ich stellte mir daher in der beschriebenen Weise 400—500 gr. Buchenholzcellulose dar. 350 gr. dieser Cellulose wurden sodann mit 1 Liter 5 procentiger Natronlauge einige Tage unter öfterem Schütteln in Berührung gelassen, dann auf ein Filtrirtuch gebracht, mit etwas kaltem Wasser nachgewaschen und der Filterinhalt gut ausgepresst; die so erhaltene klare alkalische Flüssigkeit versetzte ich mit Alkohol und concentrirter Salzsäure bis zur schwach sauren Reaction. Nachdem die amorphe weisse Füllung sich zu Boden gesetzt hatte, wurde die darüber stehende Flüssigkeit abgehebert und der Niederschlag noch einmal auf diese Weise mit Alkohol und etwas Salzsäure ausgewaschen, dann unter absoluten Alkohol gebracht, nach eintägigem Stehen wurde vom Alkohol abfiltrirt, der Rückstand auf dem Filter mit Aether ausgewaschen und schliesslich vor der Saugpumpe von demselben befreit. Ich erhielt so eine weisse, leicht zerreibliche Masse, die das Verhalten des Holzgummis zeigte.

Behufs Inversion der so dargestellten Substanz (Holzgummi) kochte ich 5 gr. derselben mit 100 cbcm. 2 procentiger Schwefelsäure 5 Stunden am Rückflusskühler, wobei nur ein geringer Theil ungelöst blieb. Die mittelst Baryts entsäuerte Flüssigkeit dunstete ich auf dem Wasserbade zum Syrup ein und extrahirte denselben in der Wärme mit 95 procentigem Weingeist. Der alkalische Extract lieferte schon am dritten Tage warzenförmige Krystalle; dieselben wurden, um die Mutterlauge zu entfernen, auf eine poröse Thonplatte gestrichen und einige Male mit absolutem Alkohol umkrystallisirt. Ich erhielt so schöne weisse Nadeln; diese Krystalle besassen die Eigenschaften der Xylose.

Die Untersuchung im Polarisationsapparat gab folgendes Resultat: Eine wässerige Lösung, welche in 20 cbcm. 1,2530 gr. wasserfreie Substanz enthielt, drehte nach 24 stündigem Stehen im 200 mm.-Rohr 6,8° nach rechts[1]). Daraus berechnet sich

---

[1]) Die frisch bereitete Lösung drehte 18,2°; der Zucker zeigte also Mehrdrehung.

$(\alpha)_D = +18,77°$. Diese Zahl stimmt mit dem für das Drehungsvermögen der Xylose angegebenen Werth $(\alpha)_D = +18$ bis $+19°$ überein, so dass die Annahme, es habe Xylose vorgelegen, für eine berechtigte erklärt werden kann, zumal da auch die übrigen Eigenschaften des bezüglichen Präparats dieser Annahme entsprechen. Denn dasselbe gab beim Kochen mit Phloroglucin und Salzsäure eine kirschrothe Flüssigkeit, lieferte beim Erhitzen mit 12procentiger Salzsäure viel Furfurol. Der Schmelzpunkt der Krystalle lag bei 145°[1]. Das durch Erhitzen mit essigsaurem Phenylhydrazin dargestellte Osazon schmolz, schnell erhitzt, bei 160,5°[2].

Diese Resultate beweisen also, dass in dem bei Behandlung mit F. Schulze'schem Reagenz verbliebenen Rückstand (Cellulose) des Buchenholzmehles noch Xylan vorhanden war. Daraus ergibt sich dann weiter, dass das Xylan im Buchenholzmehl in mindestens zwei verschiedenen Modifikationen vorhanden ist. Die eine wird beim Kochen mit verdünnten Säuren oder durch das F. Schulze'sche Reagenz zerstört, die andere widersteht den Einwirkungen dieser Reagentien.

Koch[3] gibt an, dass durch das Schulze'sche Reagenz das Holzgummi bis zu 91% zerstört wird. Diese Angabe bezieht sich aber, wie aus seiner Abhandlung zu ersehen ist, auf das aus der alkalischen Lösung vermittelst Alkohol und Salzsäure gefällte Holzgummi, nicht aber auf die Muttersubstanz desselben. Dass diese Muttersubstanz bei Einwirkung der kalten verdünnten Natronlauge Veränderung erleidet, geht auch aus den von mir mitgetheilten Thatsachen hervor; wie ich oben gezeigt habe, wird das aus dem alkalischen Extracte durch Weingeist und Salzsäure gefällte

---

[1] Tollens (Landw. Versuchstationen, Bd 39, S. 439) fand den Schmelzpunkt der Xylose neuerdings bei 150—153°, nach früheren Beobachtungen 144—145°.

[2] Nach Tollens (l. c., S. 440) schmilzt Xylosazon bei 160°.

[3] Pharm. Zeitschrift f. Russland, Jahrg. 25, No. 38—46. Der Gewichtsverlust des Holzgummis aus Quebracholz betrug nach 6 tägiger Maceration a) 90,17, b) 91,56 %.

Product schon durch Kochen mit 2 procentiger Säure in Lösung übergeführt.

Bemerkenswerth ist, dass das in der Buchenholzcellulose vorhandene Xylan durch 5 procentige Natronlauge nur langsam ausgezogen wird. Den Beweis hierfür liefern folgende Versuche: ein Präparat dieser Cellulose, welche 6,88 % Furfurol = 12,46 % Xylan enthielt — lieferte, wurde zweimal mit kalter verdünnter Natronlauge in Berührung gelassen[1]). Die bei dieser Behandlung, nach Auswaschen und Trocknen, verbliebenen Rückstände gaben bei der Furfurolbestimmung folgende Zahlen:

1. Buchenholzcellulose einmal mit kalter 5 procentiger Natronlauge behandelt.

a) 2 gr. Substanz gaben 0,0890 gr. Hydrazon = 0,0721 gr. oder 3,60 % Furfurol.
b) Die gleiche Substanzmenge gab 0,0820 gr. = 0,0675 gr. oder 3,38 % Furfurol.

2. Buchenholzcellulose zweimal mit kalter 5 procentiger Natronlauge behandelt.

a) 2 gr. Substanz gaben 0,0344 gr. Hydrazon = 0,0429 gr. oder 2,14 % Furfurol.
b) Die gleiche Substanzmenge gab 0,0430 gr. = 0,0472 gr. oder 2,36 % Furfurol.

Auch 10 procentige Natronlauge zieht das Xylan unvollständig aus; ein Cellulosepräparat mit kalter Natronlauge angegebener Concentration behandelt, gab im Mittel noch 1,98 % Furfurol.

Alle die im Vorigen genannten Cellulosepräparate, welche Furfurol lieferten, gaben beim Erhitzen mit Phloroglucin und Salzsäure die der ungelösten Substanz anhaftende violettrothe Färbung, welche von E. Schulze beschrieben worden ist[2]).

In völliger Uebereinstimmung mit den an der Buchenholzcellulose gemachten Beobachtungen stehen auch Resultate, welche für eine aus den Schalen der Lupinensamen dargestellten Cellulose erhalten wurden. Von diesen Resultaten seien hier folgende erwähnt.

---

[1]) Die Dauer der Einwirkung betrug jedesmal 3 Tage.
[2]) Diese Zeitschrift, Bd. 15, S. 429.

Eine aus dem genannten Material dargestellte Cellulose, welche 5,62 % Furfurol gab, wurde noch einmal 14 Tage mit F. Schulze'schem Reagenz behandelt und zur Furfurolbestimmung verwendet. Ich erhielt nun folgende Resultate:

a) 2 gr. Substanz gaben 0,1010 gr. Hydrazon = 0,0773 gr. oder 3,86 % Furfurol.

b) Die gleiche Substanzmenge gab 0,1010 gr. — 0,0788 gr. oder 3,94 % Furfurol.

Demnach war auch hier bei der zweimaligen Behandlung mit dem F. Schulze'schen Reagenz nur ein Theil von der Furfurol gebenden Substanz (Xylan) zerstört worden.

Es liess sich ferner feststellen, dass das Xylan durch verdünnte Natronlauge nur äusserst langsam in Lösung ging, wie aus folgenden Zahlen ersichtlich ist.

Dasjenige Cellulosepräparat, welches im Mittel 6,63 % Furfurol lieferte, gab nach mehrtägiger Behandlung mit 5procentiger Natronlauge folgende Furfurolmengen:

a) 2 gr. Substanz gaben 0,1374 gr. Hydrazon = 0,0961 gr. oder 4,80 % Furfurol.

b) Die gleiche Substanzmenge gab 0,1450 gr. Hydrazon = 0,0100 gr. oder 5,00 % Furfurol.

Das gleiche Präparat zweimal mit 5 procentiger Natronlauge extrahirt gab bei der Furfurolbestimmung folgende Resultate:

a) 2 gr. Substanz gaben 0,1130 gr. Hydrazon = 0,0835 gr. oder 4,17 % Furfurol.

b) Die gleiche Substanzmenge gab 0,1210 gr. Hydrazon = 0,0876 gr. oder 4,38 %.

Die aus dem Buchenholzmehl und den Schalen der Lupinensamen dargestellten Präparate verhielten sich also ganz ähnlich. Es ist also in diesen Präparaten eine bei der Hydrolyse in Xylose übergehende Substanz enthalten, welche in der Resistenzfähigkeit gegen Agentien der gewöhnlichen Cellulose gleicht. Da dieselbe nun ferner mit letzterer zweifellos die Löslichkeit in Kupferoxydammoniak und einem Gemisch von Chlorzink und Salzsäure theilt, so ist man wohl berechtigt, diese Substanz für eine Modification der Cellulose zu erklären. Es ist möglich, dass diese Substanzen in chemischer Verbindung mit der Cellulose vorhanden ist. Die gleiche Ansicht spricht Tollens und E. Schulze aus[1]). Auch ist es denkbar, dass im Holz ebenso wie die Cellulose auch die Xylan liefernde Substanz in Verbindung mit den inkrustirenden Substanzen sich vorfindet (vergleiche W. Hoffmeister, Versuchst., Bd. 39, S. 462).

---

[1]) Versuchstat., Bd. XXXXI, S. 378.

Ueber das Verhalten der Cellulose gegen verdünnte Säuren und verdünnte Alkalien.

Durch die Untersuchungen E. Schulze's und seiner Mitarbeiter ist nachgewiesen worden, dass viele pflanzliche Zellwandungen Kohlenhydrate enthalten, welche gegen Säuren sehr wenig widerstandsfähig sind. Diese von dem Genannten als Hemicellulosen bezeichneten Kohlenhydrate gehen unter Glukosebildung in Lösung, wenn man die betreffenden Zellwandungen mit 1—2procentiger Schwefelsäure oder Salzsäure erhitzt, während Cellulose zurückbleibt. Es erschien nun wünschenswerth, über den Grad der Widerstandsfähigkeit, welchen die Cellulosen gegen stark verdünnte Mineralsäuren besitzen, noch einige Versuche zu machen; denn die darüber in der Fachlitteratur gemachten älteren Angaben beziehen sich nur auf Baumwolle oder Papiercellulose. Es kann aber kaum für statthaft erklärt werden, die für diese Materialien erhaltenen Resultate als allgemein giltig anzunehmen.

Für meine Versuche benutzte ich Proben der Cellulosepräparate, welche für die von E. Schulze ausgeführten und in dieser Zeitschrift publicirten Untersuchungen verwendet worden waren. Hinsichtlich der Darstellung derselben kann auf die oben genannte Abhandlung verwiesen werden[1]; doch ist hier zu bemerken, dass die von mir verwendeten Cellulosepräparate sämmtlich mit F. Schulze'schem Reagenz behandelt worden waren.

Ich prüfte zunächst die Widerstandsfähigkeit der Cellulosen gegen $1^1/_4$ procentige Schwefelsäure. Diese Concentration

---

[1] Einige Cellulosen waren nicht mit Schulze'schem Reagenz behandelt.

wurde gewählt, weil Säure gleicher Stärke bei der Rohfaserbestimmung in Anwendung kommt und bei den früheren Versuchen (vergl. weiter unten) benutzt wurde.

Die Ausführung dieser Versuche geschah in folgender Weise: Eine abgewogene Menge lufttrockener Cellulose, deren Feuchtigkeitsgehalt durch 48stündiges Austrocknen bei 105° bestimmt worden war, wurde in einem 500 cbcm. fassenden Erlenmeyerkolben eine Stunde mit 200 cbcm. $1^1/_4$ procentiger Schwefelsäure am Rückflusskühler gekocht, das Ungelöste nach Erkalten der Flüssigkeit auf ein bei 105° getrocknetes und gewogenes Filter gebracht, und der Rückstand auf dem Filter bis zum völligen Verschwinden der Schwefelsäure mit Wasser ausgewaschen. Das Filter wurde nun sammt Inhalt bei 105° bis zum constanten Gewicht getrocknet[1]) und dann gewogen.

Ausser der bei dieser Behandlung erfolgenden Gewichtsabnahme der Cellulose suchte ich noch die Zuckermenge, welche aus dem bei Einwirkung der verdünnten Schwefelsäure in Lösung gegangenen Antheil der Cellulose sich bildete, zu bestimmen. Zu diesem Zwecke wurde das Filtrat nebst den ersten Antheilen des Waschwassers auf 150 cbcm. eingeengt und diese Flüssigkeit behufs Vollendung der Verzuckerung noch weitere 2 Stunden gekocht, dann mit Natronhydrat neutralisirt und die Zuckermenge nach der Allihn'schen Methode bestimmt. Es zeigte sich aber, dass die in dieser Weise gefundene Dextrosmenge in keinem Falle diejenige Quantität erreichte, welche aus der in Lösung gegangenen Cellulose sich hätte bilden können.

Cellulose aus:	Verlust durch $1^1/_4$ procentige Schwefelsäure.	Dextrose in der Lösung.
Tannenholz	1,56	0,86
Weizenkleie	1,62	0,90
Rothklee	2,76	1,83
Schalen der Lupinensamen, Sorte I . . .	0,90	0,50
Schalen der Lupinensamen, Sorte II . . .	1,76	1,44
Kaffee	2,96	2,45
Lupinensamen	2,39	2,07

[1]) Was nach 48 stündigem Trocknen immer der Fall war.

Zu diesen Angaben ist noch zu bemerken, dass die Kaffeecellulose neben dem Traubenzucker auch Mannose lieferte. Die Cellulosen aus Tannenholz, Weizenkleie und Rothklee gaben nur Dextrose; die Lupinenschalencellulose lieferte Dextrose und etwas Xylose.

Vergleicht man die von mir gefundenen Zahlen mit den früheren Angaben, so ergibt sich kein grosser Unterschied. Kühn, Aronstein und Schulze[1]) fanden, dass bei $^1/_2$stündigem Kochen mit $1^1/_4$procentiger Schwefelsäure im Mittel $0,83\,^o/_o$ von der organischen Substanz des Papieres gelöst wurden. E. Kern[2]) fand bei den gleichen Versuchen einen Verlust von $1\,^o/_o$. Nach Flechsig[3]) wird durch 3stündiges Kochen mit 2procentiger Schwefelsäure nur $1,05\,^o/_o$ invertirt.

Weiter stellte ich noch Versuche mit Cellulosepräparaten an, welche einige Zeit mit 5procentiger Natronlauge in Berührung gewesen waren. Ich erhielt für diese Cellulosen folgende Zahlen:

Cellulose aus:	Verlust durch $1^1/_4$procentige Schwefelsäure.	Dextrose.
Tannenholz	$2,52\,^o/_o$	1,66
Kaffee	$2,48\,^o/_o$	1,48

Diese Zahlen beweisen, dass die Art der Behandlung der Cellulose nicht ohne Einfluss auf ihr Verhalten gegen verdünnte Säuren ist. Dies ist auch aus nachstehenden Zahlen zu ersehen: Bei einstündigem Kochen mit $1^1/_4$procentiger Schwefelsäure wurde von Cellulose, welche vorher 48 Stunden bei 105° getrocknet wurde, mehr gelöst[4]).

---

[1]) Journ. f. Landwirthschaft, Bd. 10, S. 304.
[2]) Ebendas., Bd. 24, S. 29.
[3]) Diese Zeitschrift, Bd. 7, S. 523.
[4]) Wie Aronstein, Kühn und Schulze (l. c.) gefunden haben, wird getrocknete Papiercellulose von Schulze'schem Reagenz mehr angegriffen.

Cellulose aus:	Verlust durch 1¼ procentige Schwefelsäure.	Dextrose.
Lupinenschalen	2,14 %	1,60
Tannenholz	1,78 %	0,99

Durch einstündiges Kochen mit 5 procentiger Schwefelsäure wurde beträchtlich mehr als durch 1¼ procentige Säure gelöst, wie nachstehende Zahlen beweisen. Nach Aronstein, Kühn und Schulze wurde durch ½ stündiges Kochen mit 5 procentiger Schwefelsäure 1,46 % gelöst.

Cellulose aus:	Verlust.	Dextrose.
Tannenholz	4,55 %	3,23
Lupinenschalen	4,29 %	—
Buchenholz	4,99 %	3,20
Kaffee	8,39 %	6,58

Um das Verhalten der Cellulose gegen Salpetersäure zu prüfen, erwärmte ich eine abgewogene Menge Substanz (2 gr.) mit 100 cbcm. Salpetersäure vom spec. Gew. 1,15 ½ Stunde auf 60°. Nach dem Erkalten der Masse wurde mit viel Wasser verdünnt, der Rückstand auf ein bei 105° getrocknetes und gewogenes Filter gebracht, dann bis zum völligen Verschwinden der Säure ausgewaschen und das Filter nebst Inhalt 48 Stunden bei 105° getrocknet.

Cellulose aus:	Verlust.
Tannenholz	3,43 %
Lupinenschalen	5,39 %
Buchenholz	6,99 %

Aus den im Vorigen mitgetheilten Versuchsergebnissen, welche in recht guter Uebereinstimmung mit den von Anderen für Papiercellulose erhaltenen Ergebnissen stehen, geht hervor, dass die Cellulosen eine sehr bedeutende Widerstandsfähigkeit gegen stark verdünnte heisse Mineralsäuren besitzen. Sie unterscheiden sich in dieser Hinsicht sehr bedeutend von denjenigen Zellwandbestandtheilen, welche von E. Schulze als Hemicellulosen bezeichnet werden; denn die letzteren lassen sich schon durch Erhitzen mit 1—2 procentiger Schwefelsäure oder Salzsäure rasch in Lösung bringen.

Ausser dem Verhalten der Cellulosen gegen verdünnte Mineralsäuren habe ich auch ihr Verhalten gegen 5 procentige Natronlauge untersucht. Man benutzt Laugen solcher Concentration, um das Holzgummi (Xylan) zu extrahiren. Es ist nun wünschenswerth zu wissen, wie sich andere Bestandtheile der Cellulosepräparate gegen dieses Lösungsmittel verhalten. Allerdings liegen schon Versuche von Koch[1]) und Hoffmeister[2]) vor; es war aber von Interesse, auch die für meine Versuche benutzten Cellulosepräparate in dieser Hinsicht zu prüfen.

Bei Ausführung dieser Versuche wurden abgewogene Mengen Substanz mit 100 cbcm. kalter 5 procentiger Natronlauge übergossen und unter öfterem Schütteln 4 Tage in Berührung gelassen; darauf wurde mit viel Wasser verdünnt, zuerst durch Decantation, schliesslich auf dem Filter bis zum Verschwinden der alkalischen Reaction ausgewaschen.

Cellulose aus:	Verlust.
Tannenholz	3,96 %
Stroh.	6,45 %
I. Lupinenschalen	10,34 %
II. Lupinenschalen	10,52 %
Buchenholz	17,38 %

Unter den durch verdünnte Natronlauge gelösten Stoffen befinden sich neben Holzgummi (Xylan) zweifellos noch andere Bestandtheile. Berechnet man nämlich aus der Furfurolmenge, welche die ursprüngliche Substanz und die bei Behandlung mit 5 procentiger Natronlauge verbleibenden Rückstände geben, den Xylangehalt dieser Substanzen, so deckt sich die Differenz

---
[1]) Pharmaceut. Zeitschrift f. Russland, Jahrg. 25, No. 38—46.
[2]) Landwirth. Jahrbücher, Bd. 17, S. 239—266.

nicht mit der in Lösung gegangenen Substanzmenge. Bei der Cellulose aus Lupinenschalen z. B. hatte sich der Xylangehalt um 4,25 verringert, während der Substanzverlust 10,34% betrug. Desgleichen aus der Buchenholzcellulose. Hier hatte sich der Xylangehalt um 6,3% vermindert, während beim Behandeln mit 5procentiger kalter Natronlauge 17,38% in Lösung gingen.

Noch stärker als durch 5procentige Lauge werden die Cellulosen durch 10procentige angegriffen, wie aus nachstehenden Zahlen ersichtlich ist.

Cellulose aus:	Verlust.
Lupinenschalen	37,07%
Buchenholz	31,01%
Tannenholz	45,05%

Diese Resultate stimmen mit denjenigen Koch's[1]) und Hoffmeister's[2]) überein. Der Erstere fand, dass Cellulose aus Eichenholz bei Behandlung mit 10procentiger Lauge einen Verlust von 40,4%, einer Cellulose aus Wachholderholz einen Verlust von 43,22% erlitten. Weitere Versuche führten ihn aber zur Schlussfolgerung, dass nur nach vorhergegangener Behandlung mit F. Schulze'schem Reagenz die Cellulose durch Laugen stark angegriffen wird.

Auch Hoffmeister gibt an, dass die Cellulose, welche nach seinem Verfahren (Behandlung der fein zerkleinerten Pflanzenbestandtheile mit Salzsäure vom spec. Gew. 1,05 und Kaliumchlorat) dargestellt ist, erst durch diese Behandlung theilweise in verdünnter Natronlauge löslich wird.

Analytische Belege.

Einwirkung von $1^1/_4$ procentiger Schwefelsäure auf Cellulose aus:

1. Tannenholz. a) 2,5000 gr. verloren beim Trocknen 0,1112 gr. b) 2,5000 gr. verloren durch $1^1/_4$ procentige Schwefel-

---

[1]) Pharmaceut. Zeitschrift f. Russland, Jahrg. 25, No. 38—46.
[2]) Landwirth. Jahrbücher, Bd. 17, S. 239-266.

säure 0,1500 gr. c) 2,5000 gr. verloren durch 1¹/₄ procentige Schwefelsäure 0,1484 gr. Verlust = 1,56 %.

Dextrosebestimmung. a) 0,0384 gr. Cu = 0,0203 gr. Dextrose. b) 0,0392 gr. Cu = 0,0205 gr. Dextrose oder 0,86 %.

2. Weizenkleie. a) 2,3634 gr. verloren beim Trocknen 0,0866 gr. b) 2,5000 gr. verloren durch 1¹/₄ procentige Schwefelsäure 0,1327 gr. c) 2,5000 gr. verloren durch 1¹/₄ procentige Schwefelsäure 0,1287 gr. = 1,56 % Verlust.

Dextrosebestimmung. a) 0,0430 gr. Cu = 0,0224 gr. Dextrose. b) 0,0402 gr. Cu = 0,0209 gr. oder 0,90 % Dextrose.

3. Rothklee. a) 2 gr. Trockensubstanz verloren durch 1¹/₄ procentige Schwefelsäure 0,0520 gr. b) Die gleiche Substanzmenge verlor 0,0584 gr. = 2,76 % Verlust.

Dextrosebestimmung. a) 0,0618 gr. Cu = 0,0316 gr. Dextrose. b) 0,0820 gr. Cu = 0,0418 gr. Dextrose oder 1,83 %.

4. Lupinenschalen, Sorte I. a) 1,7261 gr. verloren beim Trocknen 0,0565 gr. b) 2,500 gr. verloren durch 1¹/₄ procentige Schwefelsäure 0,1030 gr. c) 2,5000 gr. verloren durch 1¹/₄ procentige Schwefelsäure 0,1044 gr. = 0,90 % Verlust.

Dextrosebestimmung. a) 0,0186 gr. Cu = 0,0104 gr. Dextrose. b) 0,0261 gr. Cu = 0,0140 gr. Dextrose oder 0,50 %.

5. Lupinenschalen, Sorte II. a) 1,888 gr. Trockensubstanz verloren durch 1¹/₄ procentige Schwefelsäure 0,0330 gr. b) Die gleiche Substanzmenge verlor durch 1¹/₄ procentige Schwefelsäure 0,0340 gr. = 1,76 % Verlust.

Dextrosebestimmung. a) 0,0528 gr. Cu = 0,0273 gr. Dextrose oder 1,44 %.

6. Lupinensamen. a) 2,6280 gr. Substanz verloren beim Trocknen 0,1994 gr. b) 2,5000 gr. verloren durch 1¹/₄ procentige Schwefelsäure 0,2510 gr. c) 2,5000 gr. verloren durch 1¹/₄ procentige Schwefelsäure 0,2480 gr. = 2,30 % Verlust.

Dextrosebestimmung. 0,099 gr. Cu = 0,05040 gr. Dextrose oder 2,07 %.

7. Kaffee. a) 2,5000 gr. verloren beim Trocknen 0,3174 gr. b) 2,5000 gr. verloren durch 1¹/₄ procentige Schwefelsäure 2,1174 gr. c) 2,5000 gr. verloren durch 1¹/₄ procentige Schwefelsäure 2,1186 gr. = 2,96 % Verlust.
Dextrosebestimmung. a) 0,1060 gr. Cu = 0,0540 gr. Dextrose. b) 0,1042 gr. Cu = 0,0530 gr. Dextrose = 2,45 %.

8. Tannenholz mit Natron behandelt. a) 0,9870 gr. Trockensubstanz verloren durch 1¹/₄ procentige Schwefelsäure 0,0255 gr. b) Die gleiche Substanzmenge verlor 0,0246 gr. = 2,52 % Verlust.
Dextrosebestimmung. a) 0,0310 gr. Cu = 0,0165 gr. Dextrose. b) 0,0294 gr. Cu = 0,0152 gr. Dextrose = 1,66 %.

9. Kaffee mit Natron behandelt. 1,2176 gr. Trockensubstanz verloren durch 1¹/₄ proc. Schwefelsäure 0,0302 = 2,48 % Verlust.
Dextrosebestimmung. 0,0340 gr. Cu = 0,0180 gr. Dextrose = 1,48 %.

10. Tannenholz 48 Stunden bei 105° getrocknet. 1,5096 gr. Trockensubstanz verloren 0,0270 gr. = 1,78 % Verlust.
Dextrosebestimmung. 0,0280 gr. Cu = 0,0150 gr. Dextrose = 0,99 %.

11. Lupinenschalen 48 Stunden getrocknet. a) 1,8271 gr. Trockensubstanz verloren durch 1¹/₄ procentige Schwefelsäure 0,0366 gr. b) 2,0938 gr. verloren durch 1¹/₄ procentige Schwefelsäure 0,0478 gr. = 2,14 % Verlust.
Dextrosebestimmung. a) 0,0534 gr. Cu = 0,0361 gr. Dextrose. b) 0,0688 gr. Cu = 0,0276 gr. Dextrose = 1,60 %.

Einwirkung von 5 procentiger Schwefelsäure auf Cellulose aus:

1. Tannenholz. a) 2,3888 gr. Trockensubstanz verloren durch 5 procentige Schwefelsäure 0,1090 gr. b) Die gleiche Substanzmenge verlor 0,1088 gr. = 4,55 % Verlust.
Dextrosebestimmung. a) 0,1514 gr. Cu = 0,0772 gr. Dextrose. b) 0,1505 gr. Cu = 0,0768 gr. Dextrose = 3,22 %.

2. Lupinenschalen. 1,888 gr. Trockensubstanz verloren 0,08100 gr. = 4,29 % Verlust.

3. Kaffee. 2,2181 gr. Trockensubstanz verloren 0,1859 gr.
= 8,39 % Verlust.
Dextrosebestimmung. 0,3000 gr. Cu = 0,1565 gr. Dextrose = 6,58 %.

4. Buchenholz. a) 1,9308 gr. Trockensubstanz verloren 0,0950 gr. b) Die gleiche Substanzmenge verlor 0,0970 gr. = 4,99 % Verlust.
Dextrosebestimmung. 0,1456 gr. Cu = 0,0742 gr. Dextrose = 3,83 %.

Einwirkung von Salpetersäure vom spec. Gew. 1,15 auf Cellulose aus:

1. Tannenholz. a) 2,3888 gr. Trockensubstanz verloren 0,0844 gr. b) Die gleiche Substanzmenge verlor 0,0798 gr. = 3,43 % Verlust.

2. Lupinenschalen. a) 1,9346 gr. Trockensubstanz verloren 0,1061 gr. b) Die gleiche Substanzmenge verlor 0,1063 gr. = 5,39 % Verlust.

3. Buchenholz. a) 1,9308 gr. Trockensubstanz verloren 0,1330 gr. b) Die gleiche Substanzmenge verlor 0,1358 gr. = 6,99 % Verlust.

Einwirkung von 5procentiger Natronlauge auf Cellulose aus:

1. Tannenholz. 4,7776 gr. Trockensubstanz verloren 0,1892 gr. = 3,96 % Verlust.

2. Stroh. 1,8691 gr. Trockensubstanz verloren 0,1275 gr. = 6,80 % Verlust.

3. Lupinenschalen. 1,8676 gr. Trockensubstanz verloren 0,1932 gr. = 10,34 % Verlust.

4. Stroh. a) 2,8036 gr. Trockensubstanz verloren 0,1808 gr. b) Die gleiche Substanzmenge verlor 0,1806 gr. = 6,45 % Verlust.

5. Buchenholz. a) 1,9308 gr. Trockensubstanz verloren 0,3312 gr. b) Die gleiche Substanzmenge verlor 0,3398 gr. = 17,33 % Verlust.

6. Lupinenschalen, Sorte II. a) 2,8023 gr. Trockensubstanz verloren 0,3008 gr. b) Die gleiche Substanzmenge verlor 0,2435 gr. = 10,52 % Verlust.

Einwirkung von 10procentiger Natronlauge auf Cellulose aus:

1. Lupinenschalen. a) 1,888 gr. Trockensubstanz verloren 0,6986 gr. b) Die gleiche Substanzmenge verlor 0,7010 gr. = 37,07 % Verlust.

2. Buchenholz. a) 1,9308 gr. Trockensubstanz verloren 0,7145 gr. b) Die gleiche Substanzmenge verlor 0,7149 gr. = 37,01 % Verlust.

3. Tannenholz. a) 1,8156 gr. Trockensubstanz verloren 0,8150 gr. b) Die gleiche Substanzmenge verlor 0,8211 gr. = 45,05 % Verlust.